The Method and Theory
of V. Gordon Childe

解　读　柴　尔　德

柴尔德的方法和理论

——史前史的经济、社会和文化阐释

〔英〕芭芭拉·麦克奈恩　著

张力生　译

商务印书馆
The Commercial Press

THE METHOD AND THEORY OF V. GORDON CHILDE

Economic, Social and Cultural Interpretations of Prehistory

EDINBURGH UNIVERSITY PRESS

根据英国爱丁堡大学出版社 1980 年版译出

代总序

冷战之殇：柴尔德考古学的反战思考

开场白

疫中读书，有两个人引起我的关注：柴尔德和王国维。这两个人，一个是英国的激进左翼，一个是中国的逊清遗老，立场相反，但都和百年考古有关，都在事业的巅峰选择自杀，很可惜。

今天，我先讲柴尔德。柴尔德是个考古学家。考古学家很多，不新鲜，但他是个马克思主义考古学家，而且身处反共势力强大的英国，我有点好奇。

我国考古学不是号称"马克思主义考古学"吗，夏鼐、苏秉琦都这样说，但什么是"马克思主义考古学"？

马克思主义的书很多，教条主义"党八股"的书很多，"西马""洋左"的书很多。他的"马克思主义"算哪一种？

柴尔德的一生是个谜。他自称 Childish Professor（幼稚的教授，孩子气的教授）。[1] 照片上的他，一副憨态。他终生未婚，独往独来。死前，他销毁了他的日记和书信。他不希望别人打搅他，也不想打搅别人。

他活了 65 岁，从 25 岁起就被英国军情五处监控，一直到死都被

1　Child 加 -e，类似西周金文的"小子"，指贵族子弟。据格林考证，柴尔德的父母皆出自英国贵族。

监控，长达40年。起初，监控者以为，他肯定是共产党员，因为他不但跟英国共产党有来往，参与各种左翼社团的活动，而且跟帕姆·达特（英共创始人和高层领导）是牛津求学时无话不谈的密友。但军情五处反复窃听的结果却是，他只是英共的同情者和同路人，并不怎么听党的话，参加左翼活动时，经常一言不发。他跟英共始终保持着距离。

他从不跟他的同行（多半是保守主义者）谈政治，但有时会故意炫耀他的左翼身份，如打红领带、穿红衬衫，手持《工人日报》，并用"斯大林同志"吓唬他们。他的话，哪些该当真，哪些是玩笑，经常让人分不清。比如退休前，同行问他以后有什么打算，他说他打算回澳大利亚，找个美丽的山头跳下去，他们都以为他在开玩笑，然而这却是真话。他的这种生活态度，用我们熟悉的话讲，叫"佯狂避世"。

相反，他并不跟他的亲朋好友讲他最后的打算，怕他们伤心。

柴尔德的讲话方式很有意思。

他说，他不喜欢别人给他脖子上拴个马克思主义的标签，"我不喜欢标签，特别是如果它们会引起误导""对我来说，马克思主义只是一种行之有效的研究方式和用来解释历史和考古材料的工具。我接受它是因为它管用"（1938年柴尔德致达特信，马克思纪念馆的达特藏品）。

他说，他不爱用马克思的词句讲话。他认为，这类在英国谁都听不懂的"黑话"只会把读者吓跑，而且是给自己找麻烦。他早期的书没有这类话，晚期的书里才开始出现，但很少，多半是暗引，如《人类创造自身》，书名本身就出自马克思。[2]

2　例外是他的《历史》（左翼出版物《古今》丛书的一种）。此书问世于1947年，当时已入冷战时期，他反而马恩列斯都引，结尾还加上一句，"今日一位大政治家已经成功地预见到世界历史的进程"，他说的"大政治家"是斯大林。美国出版商见英国版极为畅销，想出美国版，但在政府官员警告下，纷纷打退堂鼓，只有一个年轻的出版家甘冒风险。1953年美国版终于问世，但结尾删，书名改，丛书作者换。

他很低调,也很幽默。低调和幽默是为了保护自己。他还记得他在牛津、悉尼吃的亏,倒的霉。在英国这样的环境里,他宁愿用"糖衣包裹"(sugar-coating)的方式讲话,即用西方读者容易接受、容易理解的方式讲话。比如用克罗齐的术语讲辩证法,用涂尔干的术语讲社会发展(1950 年 1 月 15 日柴尔德致怀特信)。[3]

没有类似经历,很难理解这一点。我很理解他的说话方式。

一　柴尔德的考古学

柴尔德是 20 世纪最与众不同的考古学家,任何一部考古学史,都不能没有他的名字。

柴尔德时代的英国考古学

1980 年,夏鼐回忆,他留学英国的时代(即 1930 年代),是个"巨星璀璨、大学者辈出的时代"。当时,"埃及考古学有比特里(W. M. F. Petrie, 1853—1942),美索不达米亚考古学有伍莱(C. L. Woolley, 1880—1960),希腊考古学有伊文思(A. Evans, 1851—1941),理论考古学以及比较考古学有柴尔德(G. Childe, 1892—1957),田野考古学有惠勒(M. Wheeler, 1890—1976)"。[4]

早先,考古是一种与探险有关的活儿,不是书斋中的学问。殖民时代,考古主要是海外探险,挖人家的遗址,给自家的博物馆采办藏

3　"糖衣炮弹"这个词,大家都很熟,因为毛泽东用过它(《在中国共产党第七届中央委员会第二次全体会议上的报告》)。我估计,这是从日语转译的外来语,它是"糖衣药丸"(sugar-coated pill)的演变。英语 pill 是药丸,俚语可指炮弹、子弹。日语,药丸叫丸,炮弹、子弹也叫丸。如电影《平原游击队》,日本兵厉声喝问:"什么的干活?"李向阳随声应答:"卫生丸新交的干活。"意思是,我是给你们送子弹来的。他俩说的是"协和语"(日本在中国推行的日汉混合语),"卫生丸"就是指子弹。

4　夏鼐:《〈中国考古学研究〉日文版序言》,载《夏鼐文集》第四册,北京:社会科学文献出版社,2017 年,第 426—432 页。

品。所以在当时的考古队,枪是标配,有时还得盖个碉堡什么的(如
Château de Morgan)。

夏鼐学考古的时代,所谓考古学家多是半路出家,以挖见长,靠发
现出名,很多人都是从干中学。当时,考古是冷门,大学教考古、学考
古的人很少。如夏鼐说的"五大师",比特里(或译皮特里)没上过学,
其他四位,多半是古典学出身。柴尔德更特殊,他是先写书出书,后当
考古学教授,当了考古学教授,才干田野(每年带学生挖苏格兰遗
址)。他是以概括、总结、阐释和考古文化的跨文化比较见长。

1851 年,剑桥大学为考古学设讲席教授,即迪斯尼讲席教授,前
后共有 12 人。明斯(Ellis Minns,1874—1953)是第六位,研究俄国、东
欧考古,比柴尔德大 18 岁。[5] 加罗德(Dorothy Garrod,1892—1968)
是第七位,研究西亚旧石器考古,跟柴尔德同岁。[6] 这两位,中国读者
不熟。接下来,克拉克(John Grahame Douglas Clark,1907—1995)研究
欧洲中石器考古,夏鼐主编的《中国大百科全书》考古卷"外国著名考
古学家"的名录中有他;丹尼尔(Glyn Edmund Daniel,1914—1986)研
究欧洲新石器考古,中国读者知道他是因为夏鼐让黄其煦翻译出版
了他的《考古学一百五十年》(*A Hundred and Fifty Years of Archaeolo-
gy*);伦福儒(Andrew Colin Renfrew,1937—)研究科技考古(碳-14 测
年、生物考古、语言考古、神经考古),他的书《考古学:理论、方法与实
践》(*Archaeology: Theories, Methods, and Practice*),中国考古学家人手
一册。他们都是晚辈。柴尔德当教授时,克拉克还在读书。

柴尔德是牛津古典学出身,老师是伊文思和迈尔斯。伊文思是米
诺斯文明的发现者。迈尔斯长于地理,曾追随伊文思。伍莱(或译吴

5　梁思永给夏鼐的留学建议,第一是投柴尔德,第二是投明斯。
6　加罗德是女考古学家,《剑桥插图考古学史》曾特意提到她。

雷)也是牛津出身。柴尔德先在爱丁堡大学当阿伯克龙比讲席教授，后任伦敦大学考古所所长，跟惠勒是同事。

夏鼐留学英国时，剑桥长于史前考古，牛津长于古典考古，伦敦大学长于埃及考古(夏鼐的导师是比特里的学生)。柴尔德是异类，跟所有考古学家都不一样。

夏鼐与柴尔德

夏鼐留学英国，出国前，李济、梁思永都劝他跟柴尔德学。

他到英国，最初跟叶慈(Walter Perceval Yetts, 1878—1957)学，后打算转学爱丁堡大学，投柴尔德门下。当时，柴尔德门下有个清华留学生，叫周培智。夏鼐写信给他，向他了解爱丁堡那边的情况。周给他泼冷水，说爱丁堡条件太差，柴尔德不爱带学生，还歧视亚洲人。当时，爱丁堡的条件可能确实不太好，据说教室漏雨，柴尔德曾打着雨伞上课；柴尔德不爱带学生，也很可能是因为爱丁堡大学的学生往往家境不太好，所以柴尔德劝学生不要学考古，学考古找不到工作；至于歧视亚洲人，那是周个人的感受，恐怕与政见不合有关。[7]

夏鼐听了周培智的话，犹豫再三，请示傅斯年。傅说，中国学史前史的人已经太多，有梁思永就够了，劝他学点中国没有的绝学。这样，他才改学埃及考古，没有挪地方。

夏鼐留学期间，与柴尔德只有一面之缘，听过他演讲，没说过话。但留学前，他早就读过柴尔德的书，从大学时代一直到去世，他一直读柴尔德的书。他写博士论文，曾写信向柴尔德请教，《埃及古珠考》的致谢名单里就有柴尔德。柴尔德的著作，他几乎全都读过。马恩的书

---

[7] 1937年，李济访英期间曾到爱丁堡大学演讲，柴尔德为他做主持。当时，柴尔德告诉李济，周培智早已不学考古，改读经济。周氏坦承，他一贯持反共立场。1949年，他逃离大陆，去了台湾。他在台湾说，他在英国拿了考古学和经济学双博士，但据清华记录，他是考古学硕士。

他也很熟，年轻时就读，后来也读，只不过他不爱把洋学问挂在嘴上。1949 年后，中国不兴这一套。

当年，夏鼐在辉县发掘，引起了柴尔德的注意。他给中国同行写信，托李约瑟寄郭沫若，转交王振铎。他跟王振铎打听辉县出土的车子，希望把新中国的考古成就介绍给西方，在道义上支援中国的抗美援朝。当时，他和李约瑟都支持抗美援朝。柴尔德退休后，他说他本想重游苏联，并来中国看看，但怕生病。小时候，他得过脊髓灰质炎，着点儿凉就病，不敢来。柴尔德死后，夏鼐写纪念文章，后悔没请他来。

罗泰开玩笑说，他如果来，看到中国考古，也许就不会自杀了。

柴尔德与中国考古

夏鼐和苏秉琦是 1949 年后中国考古的代表人物。有人说，苏秉琦爱琢磨理论，夏先生不太上心，恐怕不对。夏先生是中国考古学家中最熟悉西方考古学理论的人。特别是柴尔德的理论，他最熟悉。比如讲"考古文化"，他引用的是柴尔德和蒙盖特。蒙盖特是苏联考古学家。当年，引用苏联很时髦。夏鼐恶补俄语，读过他的书。蒙盖特批评柴尔德，说他虽属"友好人士"，但人从资本主义国家来，仍带有资产阶级的毛病。其实蒙盖特的"考古文化"就是脱胎于柴尔德的"考古文化"概念。当然，如果说夏先生不爱谈理论，那可能是对的。因为他确实不爱把理论挂在嘴上。

中国考古学，无论夏、苏，从学术范式讲，从工作方法讲，都最接近柴尔德。如我们使用的"考古文化"概念、"文明曙光"说、"两大革命"或"三大革命"说(除新石器革命和城市革命，还有知识革命)，甚至是"多元一体"说。

比如柴尔德说过：

史前史和历史学毫无疑问要通过探讨不同群体对地理的、技术的或意识形态等特别刺激物的感应，来说明文化是如何逐步分异的。不过，更为显著的是各个社会间的交往和交流也在不断增长。也就是说，虽然文化分化的"支流"继续繁衍，但是文化间的汇聚也在逐渐加剧，并且最终会融为一体。一支持续强大的主流文化，注重于统治全体支系文化，以便不断开拓出新鲜的文化之"泉"，因此，多文化最终会融合成"一体"文化。

（《历史上发生过什么》第一章）

这不就是讲"多元一体"吗？

柴尔德的考古学是以欧洲为中心，他把近东考古和欧洲考古视为主流，其他地区视为支流，因此被考古学家归入"传播论"。但他对中国考古、美洲考古仍很关注。如他提到周口店（《历史上发生过什么》第二章），指出蜻蜓眼式琉璃珠是西方传入中国的（《历史上发生过什么》第十一章）。可惜他没来过中国。

柴尔德的书

如何评价柴尔德？两种读者，两种看法。

柴尔德的书很多，文章很多。据统计，其作品有 762 种，书占 27 种，反复再版，极为畅销，并被译为 25 种文字，中译本有 7 种，在译本中算最多（其次是波斯语译本）。

西方推理小说中，阿加莎·克里斯蒂的书最畅销。她丈夫跟柴尔德在同一研究所，她是柴尔德的牌友。学术书，柴尔德的书也相当畅销。有人写小说，把他写进去。有人拍电影，也提到他，比如《夺宝奇兵 4》。

其代表作，主要是七本书。

　　早期五种：《欧洲文明的曙光》(1925)、《雅利安人》(1926)、《远古东方：欧洲史前史的东方序曲》(1928)、《史前多瑙河》(1929)、《青铜时代》(1930)。

　　晚期两种：《人类创造自身》(1936)、《历史上发生过什么》(1942)。

　　柴尔德的同行看重他，主要是他的早期五书，特别是《曙光》，特别是他对欧洲考古文化的综述。他们认为，前五种书是写给学者看的，技术含量高，属于学术书，后两种书是通俗著作，写给大众看的。其实对他来说，这是一回事，前者只是为后者做铺垫，以学术为基础的普及才是最高境界。他对二战前后的年轻人影响最大的是后两种。这两本书是讲他的"三大革命"，其实是用考古材料讲"大历史"，即欧洲文明从哪里来到哪里去，为什么会成为独一无二覆盖全球的现代文明。这种历史，其实是资本主义的"史前史"。他是这样的"史前史学家"。难怪他会看重马克思。

　　柴尔德死后，他的考古学同行虽然表达了他们的敬意和惋惜，但对他这个人作为"政治动物"的一面却并不了解，也不理解。他们从正统立场（即英国当时的"政治正确性"）读他的书，当然无法理解。三十多年过去，他们把他当老古董，认为他早已过时，他的书只有历史价值。但 1980 年代，人们重新认识柴尔德，情况开始起变化。他们越来越想从他这个人出发理解他的书，理解他的思想。于是有五本柴尔德传问世。

柴尔德的五本传记

　　第一本书是萨利·格林的《史前史学家柴尔德传》(1981)。

　　此书属综合性传记，[8] 既讲人，也讲书，夏鼐读过。该书的前身是

　　8　Sally Green, *Prehistorian: A Biography of V. Gordon Childe*, Wiltshire: Moonraker Press, 1981.

作者在谢菲尔德大学的博士论文《柴尔德传》（1976），比下面四本书都早。特里格的书参考过这篇论文。格林认为，柴尔德并非一般人理解的考古学家，而是研究史前学的学者。或者更确切地说，他是研究史前史如何发展为文明史。柴尔德说过，"我相信考古学的未来应与历史学而非自然科学为伍"（"绝命三书"第二封信的第七条）。显然，他是个"历史学取向"而非"自然科学取向"的学者，跟现在理解的"白大褂考古"（科技考古）很不一样。

第二本书是芭芭拉·麦克奈恩的《柴尔德的方法和理论：史前史的经济、社会和文化阐释》（1980）。[9]

此书属学术性传记，侧重柴尔德的方法和理论，只讲书，不讲人。该书的前身是作者在爱丁堡大学的博士论文。柴尔德在《回顾》中说，他对史前史的贡献不在考古材料、年代和文化定义，而在"阐释概念和解释方法"。作者侧重的是这一点。

第三本书是布鲁斯·特里格的《柴尔德：考古学的革命》（1980）。[10]

此书亦属学术性传记，讲书也讲人，但详于书而略于人，夏鼐读过。此书有何传坤、陈淳译本。柴尔德说，假如不是代价太大，他会选择革命。作者说，1921年后，柴尔德从事的是另一种革命——考古学的革命。他的理论核心是所谓"三大革命"：新石器革命（农业革命）、城市革命、知识革命，的确如此。

第四本书是威廉·皮斯的《柴尔德的神秘生涯：人类精神的独特

9　Barbara McNairn, *The Method and Theory of V. Gordon Childe：Economic, Social and Cultural Interpretations of Prehistory*, Edinburgh：Edinburgh University Press, 1980.

10　Bruce G. Trigger, *Gordon Childe：Revolutions in Archaeology*, London：Thames and Hudson, 1980.

显现》（1992）。[11]

此书属政治性传记。作者是个坐轮椅的残疾人，与柴尔德小时候得的是同一种病，不久前（2019）才去世。[12] 原作是作者在美国哥伦比亚大学的博士论文，未正式出版。柴尔德在《曙光》序中曾说"欧洲文明是人类精神的独特显现"，作者认为，柴尔德这个人特立独行，不同凡响，也是"人类精神的独特显现"。

第五本书是特里·欧文的《致命的诱惑：柴尔德的政治人生与思想》（2020）。[13]

此书亦属政治性传记。作者是研究澳大利亚工运史的专家，特别重视柴尔德的《劳工如何执政》（1923）。他回忆，1957 年 4 月 25 日，悉尼大学授予柴尔德荣誉博士学位，他和该校的激进学生曾亲临现场（他是五传作者中唯一见过柴尔德的人）。当时，谁都想不到，这位世界级的考古学家，他的第一本书竟然是写澳大利亚工运的。不到半年，柴尔德坠崖的消息传来，令他震惊。他开始对柴尔德的一生进行追踪。他曾与盖瑟科尔合作，编写柴尔德著作最全的目录，并与皮斯交好。盖瑟科尔生前一直鼓励作者为他的老师写一本政治传记，故此书献给盖瑟科尔。柴尔德曾说，他想逃离"致命的政治诱惑"。作者说，政治对柴尔德是"致命的诱惑"，学术对柴尔德也是"致命的诱惑"。

这五本书为我们重新认识柴尔德打开了一扇窗口。

11　William J. Peace, *The Enigmatic Career of Vere Gordon Childe：A Peculiar and Individual Manifestation of the Human Spirit*, Ph. D. Dissertation, Columbia University, 1992.

12　柴尔德提倡 60 岁就退休，认为与其老病而死，不如早点结束生命，既为年轻人腾地方，自己也少受折磨。皮斯则反对安乐死，认为安乐死是某些人为消灭残疾人寻找的借口。

13　Terry Irving, *The Fatal Lure of Politics：The Life and Thought of Vere Gordon Childe*, Melbourne：Monash University Publishing, 2020.

重新认识柴尔德

1980 年代有个"让我们更好地认识柴尔德运动"，代表作是上述五传的前三传。当时只有这三本传记。鲁思·特林厄姆写过书评。[14] 她的评价是第三种最好。当时，特里格是考古学大教授，而其他两位还是年轻的博士生，后来默默无闻，不知所终。结果是特里格成了研究柴尔德的权威。

盖瑟科尔是柴尔德在伦敦大学的学生。柴尔德的学生多半是保守主义者，他不是。他终生追随老师，与老师同道同好。他对这三部传记都不满意，认为他们都没讲清柴尔德与马克思主义的关系。

我读上述传记，不太同意特林厄姆的评价。我认为，还是格林的书最全面，最平实；特里格的书，则有较多政治偏见。特里格自己也承认，他对马克思主义和苏联考古学了解得很不够。他说，他跟格林有约，只谈考古，不谈其他，这类问题最好留给盖瑟科尔。

特里格对柴尔德的评价前后有变化。在《柴尔德：考古学的革命》一书中，他对柴尔德的评价比较类似柴尔德死后他的那些考古学同行，即柴尔德的政治立场有问题，并不符合西方的"政治正确性"。他说，柴尔德靠二手材料和别人的思想说话，只是"一般的理论家"，在学术上也评价不高。后来，他补了点课（如苏联考古），看法有变化，又说"柴尔德与我们同在"。他写《考古学思想史》，说柴尔德既过时，又超前，讲文化-历史考古学，他是集大成者，讲功能-过程考古学，他也是先驱，他试图折中二者，接纳柴尔德回归主流（经"无害化处理"）。伦福儒甚至说柴尔德是"过程考古学之父"。

世纪之交，有人比较"二德"，柴尔德和宾福德（Lewis Binford）。

14　Ruth Tringham, "V. Gordon Childe 25 Years after: His Relevance for the Archaeology of the Eighties," *Journal of Field Archaeology*, vol. 10, no. 1, 1983, pp. 85-100.

柴尔德是 20 世纪上半叶世界考古的代表性人物,宾福德是 20 世纪下半叶世界考古的代表性人物,两个人代表了两个时代。美国考古学取代英国考古学,就像战后的政治格局,轮到美国当老大(汉学也如此)。柴尔德一定想不到,美洲考古会成为考古学的主流学术。

20 世纪 80 年代以来,中国考古学界有新旧之争。"新"是俞伟超先生和张光直先生介绍引进的美国考古学,"旧"是夏鼐先生和苏秉琦先生为代表的中国考古学。夏先生看不上宾福德,张光直对他也颇有微词。

1980 年以前,大家多认为,柴尔德曾经伟大,现已过时。他们说他是传播论者,年代和文化序列多误,不重视人类学和美洲考古。1980 年代以来,情况有变化。大家对这个谜一样的人物开始有了点新认识。

二 柴尔德的反战思考

柴尔德是历史人物,历史人物要历史地研究,从他当时的环境理解他当时的想法。他这一生,凡历三战,一战、二战、冷战。研究柴尔德,不能绕开这个大背景。

柴尔德的一生(1892—1957)

青少年时代(1892—1911):1892 年 4 月 14 日出生于悉尼。当时,澳大利亚的工人运动很激进,很暴烈。

悉尼大学时期(1911—1914):通过阅读,通过对工人运动的了解,他成了一名马克思主义者和社会主义者。

牛津大学时期(1914—1917):恰逢一战,他和他的牛津同学投身反征兵运动。

第一次回家(1917—1921):投身澳大利亚的反战运动和工人

运动。

彷徨伦敦（1921—1927）：被政治抛弃，转向学术，通过跑遗址、跑博物馆、阅读和写作，成为世界最著名的考古学家。

爱丁堡大学时期（1927—1946）：碰上经济大萧条、希特勒上台和二战，投身反法西斯运动，用考古学反法西斯。

伦敦大学时期（1946—1956）：战后，进入美英反苏反共的冷战时代，投身保卫世界和平运动。

第二次回家（1956—1957）：1956 年 4 月 23 日荣休。当年，有苏共二十大和匈牙利事件。1957 年 4 月 14 日，从英国回到悉尼，10 月 19 日从悉尼蓝山跳崖自杀。

你们看一看，他这一辈子究竟做错了什么？

20 世纪的主题：战争与革命

考古学不是象牙塔中的学问。柴尔德不是象牙塔中的学者。他生活在多灾多难的 20 世纪，有强烈的政治关怀。

1887 年，恩格斯曾预言后来的一战。他说，"这会是一场具有空前规模和空前剧烈的世界战争……以致王冠成打地滚在街上而无人拾取"（《波克罕〈纪念 1806 年至 1807 年德意志极端爱国主义者〉一书引言》）。阿伦特也承认，"战争与革命决定了二十世纪的面貌"（《论革命》）。

一战，英、法、美和俄、意、日为一方，德、奥、土为一方，[15] 双方为重新瓜分世界而爆发帝国主义战争。[16] 德、俄拼消耗，受害最深。德国战败，割地赔款，备尝屈辱，为二战埋下伏笔。俄国爆发革命，被英国

15　这九个国家，除去奥、土，加上加拿大，仍是当今的"列强"。其前世即 1900 年的"八国联军"，今生则是 G8，俄国开除后变成 G7。

16　欧洲历史的特点就是长期打，长期分，地理大发现后的世界也是反复被列强瓜分。

为首的协约国围剿,也为二战和冷战埋下伏笔。

二战,英、法、美为一方,德、意、日为一方,苏联是另类,中国也是另类。英、法绥靖,本想引战祸于东,反而引火烧身,导致苏联与德、日签订条约,导致德国先打英、法后打苏。只是在面临共同敌人的情况下,才有英、美与苏、中结盟,共同打败德、意、日。这场大战,苏、中伤亡最多,其次德、日,英、法因此衰落,美国是最大获益者。

冷战,还是解决历史遗留问题。一战引起俄国革命,二战引起中国革命,二战后的冷战是用来对付这两场革命。

20 世纪的三次大战,全让他赶上了。

一战中的柴尔德:参加反征兵运动

一战,英、法、美与俄连横(协约国),德、奥、土合纵(同盟国),合纵不敌连横。结果是四大帝国(德意志帝国、奥匈帝国、奥斯曼帝国、俄罗斯帝国)解体,解体引发四大革命:1917 年,俄国的二月革命和十月革命;1918 年,德国的十一月革命;1919 年,匈牙利的苏维埃革命和土耳其的凯末尔革命。这就是恩格斯说的"王冠落地"。

1918 年,俄国退出战争,引起协约国武装干涉、俄国内战和苏波战争。1919 年,英国工人有个"放手俄罗斯"(Hands off Russia)运动,用全国大罢工制止列强围剿苏联和英国支持的波兰东扩。柴尔德参加牛津大学的反征兵运动,他的左翼朋友纷纷入狱,有些人后来成为英国共产党的创始人和领导,如他的牛津密友帕姆·达特。

一战前,社会主义运动的中心是工人运动。柴尔德和他在牛津的左翼朋友苦苦思索、激烈争论,问题全围绕工人运动。一战中,战争压倒一切,所有人不得不面对战争,重新选边站队。共产党是反战运动的产物。1917 年的十月革命就是因反战而爆发。如联共(布)、德共成立于 1918 年,美共成立于 1919 年,英共、法共成立于 1920 年,意共、中共成立于1921年，日共成立于1922年。

反战——反帝国主义战争——是唯一的正义。

转折点：从工人运动到学术流浪汉

1916年，英国征兵，柴尔德得过脊髓灰质炎，落下残疾，可以免服兵役。1917年，他回了澳大利亚。他不知道，他已上了英国军情五处和澳大利亚军情处的黑名单，不但他任教的母校把他辞退，任何学校都不敢用他。不得已，他投身工人运动，成了新南威尔士工党州长的智囊。

1921年，他被派驻伦敦。结果州长去世，工党下台，他丢掉饭碗，没有工作，没有钱，成了学术流浪汉。1922—1924年，打杂工、翻译书。1924—1927年，在皇家人类学会图书馆当管理员。这段时间，他读了很多书，跑了很多遗址，看了很多博物馆。

他的第一本著作《劳工如何执政》（1923），是他对澳大利亚工运的总结，也是他对过去的告别。他说，如果不是代价太大，他会投身革命，但他最终还是选择了学术，从此与政治保持距离。他被政治抛弃，反而成就了他的学问，但他从未忘情政治。

他的理论以"三大革命"最出名。特里格说，柴尔德后来从事的是另一种革命，即"考古学的革命"。

柴尔德的"早期五书"使他暴得大名。

1.《欧洲文明的曙光》（1925）。整合欧洲三大考古，此书是代表作。

2.《雅利安人》（1926）。柴尔德在牛津的学位论文是《印欧人在史前希腊的影响》。此书可能是据该文改写，写作应早于《曙光》。因为反法西斯，他从未再版此书。

3.《远古东方》（1928）。借二手材料，总结近东考古。

4.《史前多瑙河》(1929)。欧洲有两条大河:莱茵河和多瑙河,他都跑过。他更看重多瑙河。他把多瑙河看作近东传东南欧、东南欧传西北欧的大通道。

5.《青铜时代》(1930)。他用青铜技术西传(从近东传欧洲)解释欧洲文明的后来居上。他说,近东迷信、专制,工匠不自由,逃往欧洲,青铜技术才突飞猛进。

这五本书,主要写成于他的"流浪时期"。前两本出版于他去爱丁堡之前,后三本出版于他去爱丁堡之初,其中《曙光》最有名。他靠自己的著作和学养当上了爱丁堡大学的阿伯克龙比教授,每年带学生挖苏格兰遗址。

整合三大考古

欧洲考古分三大:1.近东考古(埃及、两河流域、土耳其和伊朗的考古),与圣经学有关;2.史前考古(北欧或西北欧考古),与北欧神话学有关;3.古典考古,南欧考古或东南欧考古,与古典学有关。

柴尔德是古典学出身,伊文思年纪太大,真正教他的是迈尔斯。1925—1927 年,迈尔斯帮他找钱、找工作,对他有再造之恩。他受迈尔斯影响最大。[17] 迈尔斯写过本书,《历史的曙光》(*The Dawn of History*,1911)。

柴尔德通欧洲各国几乎所有语言。一战后,他遍游欧洲,特别是莱茵河地区。后来,还到过伊拉克、印度、美国、苏联。美国,去过三次:1935、1936、1939 年。苏联,也去过三次:1935、1945、1953 年(欧文说,还有第四次,在 1956 年)。当时,搞西欧的不懂东欧,搞西方的不懂东方,他试图把三大考古整合在一起,这在当时是第一次。

17　不是带夏鼐去埃及发掘的迈尔斯。这个迈尔斯是 J. L. Myres,那个迈尔斯是 Oliver H. Myers,姓氏拼写不同。

柴尔德整合三大考古,被称为"集大成者"(Synthesizer)。特里格指出,柴尔德的《曙光》与迈尔斯的《曙光》从书题到内容都有关联。迈尔斯是从地理、族群讲"曙光",柴尔德是从考古讲"曙光"。但奇怪的是,柴尔德的《曙光》没有提到迈尔斯的《曙光》。

迈尔斯的《曙光》有 1913 年上海广学会出版的吴江、任保罗译本,中文本叫《史源》。

柴尔德与李约瑟、贝尔纳

1931 年,有一批自称"科学工作者"的左翼科学家,[18]每月聚餐一次,讨论他们共同关心的问题。他们给这个聚餐会起了个怪名,叫 Tots and Quots,[19]参加者都是顶尖学者,其中有李约瑟、贝尔纳、柴尔德。

1949 年,英中友好协会(Britain-China Friendship Association)在伦敦成立,李约瑟任主席,柴尔德任副主席。

1950 年代,柴尔德是《现代季刊》(*The Modern Quarterly*)杂志的编委会成员,李约瑟也是。

柴尔德整合三大考古,所有探索围绕一个中心问题,即欧洲文明为什么是唯一发展为现代资本主义的文明? 包括所有科学发明、社会制度和政治设计。

"李约瑟难题"属于这类探索,柴尔德的"三大革命"也属于这类探索。当然,他们讨论的角度并不一样。李约瑟是从科技史的角度讨论这一问题,柴尔德是从考古学的角度讨论这一问题(侧重技术史和

18　"科学工作者"就是"科学工人"。1950 年代,柴尔德是英国科学工作者协会(Association of Scientific Workers)执行委员会的委员,并一度担任副主席。"科学工作者协会"相当于"科学工人"的工会组织。这是非常左翼的说法。我国也用这类词。

19　此名源自拉丁成语 *quot homines*, *tot sententiae*(有多少人就有多少意见),属文字游戏。

经济史）。

贝尔纳著有《历史上的科学》(*Science in History*)、《没有战争的世界》(*World Without War*)，也讨论科学史，但他更关心的是现代科学向何处去。他用科学史警告人类，特别是大国政治家，人类已经到了一个必须迅速做出抉择的时刻，放弃核武器，科学将造福人类；若执迷不悟，继续用核武器威胁人类，人类将面临毁灭。

柴尔德也有类似担忧。

欧洲文明的独特性

柴尔德要整合"三大考古"，不能不对"三大考古"的关系试做总体解释。当时流行"雅利安人"说，认为早期操印欧语的人是"雅利安人"。学者都很关心欧洲人从哪里来、到哪里去。他认为，"雅利安人"起源于南俄草原，而不是日耳曼地区，"欧洲文明的曙光"出现于"远古的东方"，从近东传东南欧，东南欧传西北欧；在"青铜时代"，"莱茵河"是文化传播的大通道。所以，他为考古文化排序：近东最早，东南欧其次，最后由西北欧收官。显然，他从黑格尔、马克思、迈尔斯那里接受了他们以欧洲为中心的文明排序。所谓"欧洲文明的独特性"，就是指欧洲后来居上，超越和替代了它的所有前辈。

黑格尔讲历史演进，有个三段式，"亚细亚"是正题，"古典"是反题，"日耳曼"是合题。大西洋文明（西北欧文明）取代地中海文明（近东文明和古典文明）是大趋势。"日耳曼"不光指中古，而且指近现代，代表的是"历史的终结"。他说，"亚细亚"是"早熟的婴儿"，"古典"是"正常的婴儿"，所有这一切全都是为"日耳曼"做铺垫。用《红楼梦》的话讲，当年先进的是"拄拐的孙孙"，后来居上的是"摇篮里的爷爷"。马克思的社会经济形态说沿用了这一思路，其早期著作，连三段的名称都是沿袭黑格尔。迈尔斯的《曙光》也是同一思路。上述

"三大考古"正好对应这个三段式。柴尔德也延续了这一思路。

当然，这里应当说明一下。严格讲来，亚细亚、古典世界、日耳曼是三个地理单元和三种区域文化。欧洲人都知道，近东文明比欧洲文明更古老，南欧的希腊、罗马也走在西北欧之前。这是19世纪公认的历史知识，不是马克思的发明。只不过，他给了一种解释。在他看来，它们代表早晚不同的经济形态或生产方式。特别是马克思有劳工立场，他更看重劳动形态的演化，如奴隶、农奴、工人的异同。或说马克思的亚细亚生产方式是指原始社会（如林志纯之说），恐怕不妥，因为自古典时代以来，欧洲人说的亚细亚，都是指近东，特别是小亚细亚。马克思关注俄国和印度的村社制度，关注摩尔根的人类学研究，希望找到比近东更原始的东西，那是后来。在他们心目中，近东文明一大二凶，很迷信，很专制，与古典文明形成强烈对比。我称之为"古典对立"。

总之，黑格尔也好，马克思也好，迈尔斯也好，柴尔德也好，他们都是以欧洲为中心，从欧洲人的视角看世界。[20] 黑格尔的老三段代表的是19世纪以来欧洲人从欧洲历史和考古发现总结的历史分期。这类欧洲历史学的"常识"带有欧洲人最难摆脱的观察角度。

丹尼尔说，考古学最有希望的研究领域有二：一个是经济，最形而下；一个是艺术，最形而上（《考古学一百五十年》）。柴尔德更看重考古学的经济学阐释，这是他坚信马克思主义有用的原因，但他并非忽视精神领域，比如他的"知识革命"就属于精神领域。当然，他更看重的是与生产工具有关的科学技术。这一兴趣与李约瑟的兴趣有交叉。

20　视角很重要。欧洲人是从欧洲中心看周围。比如汉学家，他们习惯从中国周边、中国的四大边疆研究中国，中国人则相反。一个是从西往东看，一个是从东往西看。这让我想起赵树理的《李有才板话》，"模范不模范，从西往东看，西头吃烙饼，东头喝稀饭"。您还别说，白面烙饼确实很有西方特色，小米稀饭确实很有中国特色。

他对宗教的看法很负面,艺术不是关注点。

二战中的柴尔德:用考古学反法西斯

一战,英、法是靠德、俄拼消耗取胜,苏联是靠与德媾和、退出战争以自保。二战,双方仍沿袭一战的思路。张伯伦绥靖,想引战祸于东,令德、苏互耗,是为了自保。英国知识界多赞同这一策略。苏联抢先与德、日媾和,引战祸于西,也是为了自保。

英国共产党支持本国对德战争,遭共产国际批评,书记下台。共产国际指示英共"退出帝国主义战争"。柴尔德痛恨希特勒,对张伯伦绥靖不满,对苏芬战争不满,对苏德和约不满,曾悲观绝望。但随战争形势发展,英与苏反而走到一块儿。他开始支持英苏同盟,特别赞赏苏联大反攻,主张由苏、美参加的国际联盟(League of Nations)维护和平,主张战后取消殖民地。

柴尔德的反战思考集中在他的两部著作:《人类创造自身》(1936)和《历史上发生过什么》(1942)。柴尔德生性悲观,但很有正义感,悲观之中,不失血气之勇。

柴尔德时代,考古学有五大争论,一是西方主义与东方主义,二是进化论与传播论,三是外因论与内因论,四是单线论与多线论,五是决定论与可能论。

科西纳主张西方主义(认同西北欧),史密斯主张东方主义(认同埃及)。柴尔德主张"东方开头,西方收尾",迁徙和传播是从东南到西北,后来居上。

德国考古学家用种族讲考古学文化,认为雅利安人起源于德国,用日耳曼入侵解释欧洲文化。相反,苏联考古学家主张雅利安人起源于南俄草原或外高加索,用本土起源解释斯拉夫文化。[21] 柴尔德是温和传播论者,他也认为,雅利安人起源于南俄草原,并同情和理解苏联学者的本土说。

柴尔德也做族群考古,但坚决反对纳粹的种族主义。为了反对德国考古学的日耳曼优越论,他不再讨论"雅利安人",开始用"人民""人群"的概念代替"种族"。

族群考古与"文化圈"理论

德国有大科学院,考古讲席多,国家经费多,发掘水平高。二战前的德国考古令英国学者羡慕。战争初期,很多英国学者对德国抱有好感,希望与德国媾和,如克拉克就很羡慕德国考古。克劳福德的航空考古也受惠于德国航空部(纳粹空军的前身)。从德国逃出的考古学家对英国考古有贡献,如格哈德·波苏(Gerhard Bosch)和鲍姆伽特(Baumgardt)。柴尔德和克劳福德曾自掏腰包,养活波苏一家。当时,还没有碳–14测年,人们对考古现象的认识是以"考古文化"为单位。"考古文化"又常跟族群地理分布挂钩,构成各种"文化圈"。

柴尔德的学术生涯从研究雅利安人的起源开始。他在牛津的学位论文就是讨论这一问题,后来以此为基础写成《雅利安人》。这类研究本来属于语言学研究,但德国考古把它与体质概念的"种族"挂钩,发展为纳粹考古,使这一研究误入歧途。纳粹考古学家多出自科西纳门下,他们认为,雅利安人起源于德国,血统最高贵,日耳曼人南下,征服罗马,才有后来的欧洲。柴尔德承认,他最初也受科西纳的"考古文化"概念影响。但在欧洲面临法西斯威胁时,他挺身而出,坚决反对纳粹考古的种族优越论,认为正是在这种时候,史前史学家应

21　爱莱娜·库兹米娜(Elena Kuzmina)《印度—伊朗人的起源》(邵会秋译,上海古籍出版社,2020年)是用考古材料讨论这一问题的新书,可参看。

该出来讲话,考古对当下有用。1936 年,他在史前史学会呼吁禁止纳粹理论的发言。

整合三种时间框架

汤姆森"三期说"是古物学分期:按石器、青铜、铁器分,其中不包括陶器和各种"软材料"。

摩尔根"三期说"是人类学分期:按蒙昧、野蛮、文明分。这种分期是基于民族调查和民族志。他把人类分为高低不同的三个等级,带有殖民时代的烙印。

柴尔德"三大革命"是考古学分期:按农业革命、城市革命和知识革命分。他试图把三种分期整合在一起。他说的"马克思主义有用"恰恰看重的是社会演进和社会分析。学者多把柴尔德归为文化-历史考古学的代表,认为他以后才有前者向社会考古学的转向。此说不对,其实,柴尔德才是早期社会考古学的代表。

自从人类走出"伊甸园",迈向"文明","公"与"私"就是一对欢喜冤家。中国传统语汇中,"家"代表"私"(私有制),"国"代表"公"(公权力)。国家既是维护私有制的工具,也是调节公私矛盾的工具。《家庭、私有制和国家的起源》是现代文明的原罪研究,就是讨论这类最基本的问题。

1940 年,达特邀柴尔德用考古为《起源》英文新版作注,因意见不合而中辍。柴尔德不愿意把马克思主义词句挂在嘴边。他最初看不上《起源》,后来仔细读过,认为恩格斯确实了解德国的历史和考古,比他大段引用的摩尔根讲得好。他认为,《起源》全书中第九章最重要。他试图把物质文化演进、人类学观察与他对工具进化和生产方式进化的阐释整合在一起,用我们的话讲,是讲社会发展史(1950 年代,我国曾大讲"社会发展史")。

他的《人类创造自身》《历史上发生过什么》就是属于这类研究。他想用二书为反法西斯提振士气,为人类"打气""加油",也为自己"打气""加油"。

"黑暗时代":柴尔德的深度悲观

今考古学有所谓"黑暗时代"和"系统崩溃"研究。欧洲文化有南北之分,德国人以日耳曼人、雅利安人、Nordic Race 自居。Nordic Race,如粤人之呼"北佬"。日耳曼人南下灭罗马帝国,如我国的五胡十六国。此事历来有两种评价:或说从此进入"黑暗时代",或说赖此蛮风,重振欧洲。

柴尔德本来赞同恩格斯的看法,即野蛮人征服罗马改造了欧洲,但在德国吞并欧洲的危险面前,他宁愿回避此说。他说,"希特勒主义对考古学支持所激起的敌意和恐惧,令我难以认可欧洲野蛮时代所有的积极方面";论及《历史上发生过什么》,他表示"我写它是为了说服自己,黑暗时代不是吞噬所有文化传统的无底洞(当时我深信,欧洲文明的结局,对资本主义者和斯大林主义者一样,注定是黑暗时代)"(《回顾》)。特里格说,他是用"文明来自东方"抵抗法西斯主义。

冷战中的柴尔德:投身"保卫世界和平运动"

二战后,李代桃僵,美国代替英国当老大,但英国仍然是美国的老师。英国的军情五处和六处,20 世纪初就有,最老谋深算;中央情报局,二战后才有。冷战也是英国撺掇美国发动的。

冷战始于哪一年,向有二说。一说 1946 年,以丘吉尔"铁幕演说"为标志;[22] 一说 1947 年,以杜鲁门主义为标志。[23] 其实,1945 年

---

22 二战后,他把西方对苏联的封锁说成是苏联的自我封闭,是谓"铁幕"。

23 罗斯福卒于 1945 年 4 月 12 日,没能活到二战结束、冷战开始。他死后,杜鲁门与华莱士争政,而后杜鲁门上台,开启反苏反共的杜鲁门时代。

的"古琴科事件"才是英、美协调立场重新定位敌我的标志性事件。[24]
二战于 1945 年 9 月 2 日结束,事件发生在 9 月 5 日,冷战和二战之间
几乎没有间歇。共同的敌人一旦没了,临时的朋友马上就掰。1945
年 6 月柴尔德去了趟苏联,从此去不了美国。

　　冷战是由英、美发动,而非苏联。北约成立在前(1949),是主动
进攻的一方;华约成立在后(1955),是被动防御的一方。双方互抓间
谍,也是西方在前。

　　赫鲁晓夫时代,苏联一直希望与美国缓和关系,共治世界,但美国
不答应,必欲置之死地而后快。"美苏和解"对苏联来说只是一场噩
梦,他们把美国想得太好。

　　丘吉尔是"冷战之父"。一战后,他以血腥镇压英国大罢工、武装
干涉苏联、支持波兰东扩而出名。苏联的存在,从一战到冷战,一直让
他耿耿于怀。

　　1949 年,美国宣布在欧洲永久驻军,成立北约,引发"保卫世界和
平"运动。1949 年 4 月,第一届保卫世界和平大会在巴黎、布拉格同
时举行。1950 年 3 月,保卫世界和平大会常设委员会召开斯德哥尔
摩会议,发表《斯德哥尔摩宣言》,呼吁禁止核武器,开展全世界的签
名活动;11 月,第二届保卫世界和平大会原定在谢菲尔德举行,后因
英国政府百般阻挠,改到华沙举行。[25] 1952 年 12 月,第三届保卫世界
和平大会在维也纳举行。柴尔德、李约瑟、贝尔纳是积极参与者。毕
加索为会议画了和平鸽。当时,他是法国共产党党员(1944 年入党)。

24　参看沙青青:《敌人的构建:古琴科事件背后的暗流》,《读书》2021 年第 8 期。

25　英国政府最初以没有足够住处为借口,拒绝在英国开会。会议筹委会征集到
700 名英国工人志愿者愿意请代表分住他们家里,英国政府还是不答应。他们对已经到
达英国的代表切断电话、扣发请柬,对未能到达英国的代表拒发签证,会议只好转到华
沙。参看杨剑:《金仲华与世界和平运动——上海国际问题研究院成立 60 周年纪念专
文》,《国际展望》2020 年第 6 期。

小时候,我参加过签名,毕加索的和平鸽给我留下了深刻印象。中国发行了三套纪念邮票:纪5(1950)、纪10(1951)、纪24(1953),就是采用毕加索的画。

三　柴尔德之死

柴尔德之死曾经是个谜。1980年,人们才知道真相:他不是失足坠崖,而是自杀身亡。

魂断蓝山

柴尔德是个非常孤独和悲观的人。他害怕战争,非常害怕。

一战,因身体不合格,免服兵役,他曾打算到美国躲避战祸,但不获批准,上其他国家也不行,只好回澳大利亚。他不知道自己已经上了军情五处的黑名单,材料已经寄到澳大利亚。

二战,战争爆发前,他正在美国访学,走前在美国存了钱,希望大难临头时能到美国躲一躲,但他刚一回到英国,二战就爆发,差点儿困在路上。1940年,德军攻占法国,他很绝望。他说,因为反法西斯,他肯定已经上了希特勒的死亡名单。如果英国失守,与其死于法西斯之手,不如投水自尽。他跟克劳福德讨论过自杀,被克劳福德劝止。

冷战,柴尔德仍然是监控对象。1948年,美国学者再次邀他访美,但他去不了。1945年,他参加过苏联科学院220周年纪念,上了美国国务院的黑名单。美国学者再三努力,但他说,我想去也不敢去,去了恐怕遭绑架。当时确实有这类事。

1956年,苏共二十大,赫鲁晓夫做秘密报告,引发波匈事件,欧洲各国共产党员纷纷退党,左翼知识分子纷纷"向右看齐",《新政治家》(New Statesman)拉他参加前共产党员的反苏反共签名,他不签。他后来解释说,他不愿令其毕生的敌人称心如意。当他的老朋友帕姆·

达特饱受攻击时,别人避之唯恐不及,他却仍然应允在纪念《劳工月刊》创办 35 周年的 7 月号上发表文章,回忆他与达特在牛津的交往和友谊。这一年,他决定提前退休,所里给他办了荣休纪念会,很隆重,惠勒为他主持,发表了热情洋溢的讲话。他把租住的公寓退掉,藏书和版税捐给研究所,养老金留给年迈的姐姐,两手空空,什么也不留,决定重返故土。

1957 年,他回到澳大利亚,发现自己的故乡已经美国化,反共气氛浓厚,左翼同样抬不起头,气氛早已不是他离开时的样子。

这次,他真的自杀了,在人生的顶峰,义无反顾,从 200 米高的悬崖纵身一跃。

一战,他没死。二战,他没死。他是死于冷战。

欧文称之为"冷战之殇"(A Death of the Cold War)。

"绝命三书"

古人云,"狐死首丘,代马依风"(《后汉书·班超传》)。人之将死,往往会想起他儿时生活过的地方,希望能回到他儿时生活过的地方再看一眼。

柴尔德小时候住在悉尼蓝山的温特沃斯瀑布附近。他是个脊髓灰质炎患者,早先连路都走不了。18 岁以前,他和疼爱他的妈妈一直住在那里。

1957 年 10 月 19 日,他回到他儿时熟悉的地方,跟出租车司机说,我要上山考察岩石构造,中午你来接我,咱们到镇上吃午饭。这是他自导自演的一场戏。

他上了山,来到一处风景绝美、看瀑布的景点。瀑布叫"戈维特飞跃"(Govett's Leap)。[26] 瀑布右侧的上方有个观景台,跟瀑布平行,比瀑布高,叫巴罗观景台(Barrow Lookout)。他把眼镜、帽子、风衣、罗盘放在脚下,从栏杆外纵身一跃,葬身于这片他挚爱的土地。我没去过悉尼蓝山,只是透过照片遥望这个地点,感觉很神秘。

死前,他寄出三封信,我叫"绝命三书"。

《回顾》(1958 年发表):讲他一生的学术得失,自我批评,坦承自己犯下的错误和不足,寄给克拉克。克拉克是个右翼保守主义者,与他立场相左,但他反而把此信寄给克拉克。离开伦敦前,他把他的藏书捐给他的研究所,请克拉克做这批藏书的遗嘱继承人。

《展望》(1958 年发表):讲他对考古学未来发展的展望,寄给伦敦大学考古所,给他的同事看。此信旧题"告别辞",其实真正的"告别辞"是下一封信,当时还没发表。特里格建议,此信应改题"展望"。

《告别》(1980 年发表):讲他为什么要自杀,寄给伦敦大学考古所的新任所长,叫他十年后(即 1968 年)再打开。他不想打搅别人,也不想被别人打搅,悄然离世。

1980 年是重新认识柴尔德的时间节点。

最后的话

在"绝命三书"的最后一封信里,他留下最后的话:

……

英国人反对自杀的偏见完全不合理。其实,从容赴死是人类之所以异于其他动物之处,甚至比为他举行葬礼更好。但我不想因藐视偏见而伤害我的朋友。在悬崖顶上,一个偶然事故突然发

26　Leap,指飞流直下的瀑布,Govett 是瀑布发现者的名字,他全名叫威廉·罗梅因·戈维特(William Romaine Govett)。

生,太顺理成章。故地重游时,我发现,澳大利亚社会远不如英国,我不信我还能比我在英国做得更好,我已失去信念,没有理想。但再次登临蓝山,重游儿时常去的地方,依旧令人神往。我已解答了当年令我好奇的所有问题。我见过澳大利亚的春天,我闻过波罗尼亚的花香,我凝视过蛇、蜥蜴,我倾听过"蝉"鸣。现在,在这儿,我已经没什么想干,没什么该干,也没什么可干。我恨蓝山的夏日风光,更恨英国的寒冬雾雪。趁心情还愉快、身体也健康,就此了结余生,那是再好不过的。

柴尔德从未加入过共产党

一战前,社会主义运动围绕工人运动展开。柴尔德曾认为澳大利亚和美国是劳工执政最有希望的地方,但从 1921 年起,他对工党政治完全绝望。

他对苏联看法多变,充满矛盾。他经常用"极权主义""东方专制主义"称呼这个新生的国家,但又说此事恐怕难免,苏联是"宏大而充满希望的试验"。

他也同情惨遭德国自由军团杀害的李卜克内西(Karl Liebknecht)和卢森堡(Rosa Luxemburg)。德国自由军团是一战退伍老兵的组织,最恨反战分子,其部分成员后来成为纳粹党要员。

然而,终其一生,他从未加入共产党。他认为,在英国强大的反共统治下,英共"没戏"。

柴尔德是个马克思主义者,但从未加入共产党,即使二战后,知识分子纷纷加入共产党时,他也没有加入。相反,1956 年,左翼退潮、共产党员大批退党时,他并没有放弃自己的立场,抛弃出卖昔日的朋友。

这与奥威尔形成强烈对比。奥威尔的"黑笔记本",其中就有柴尔德的名字。

柴尔德从未获得任何来自英国皇室的荣誉

柴尔德从 25 岁起就是英国军情五处黑名单上的人。即使回国，也受澳大利亚情报部门监控。如他第一次回国时被母校赶走，就是情报部门打了招呼；第二次回国，他已是名满天下的学术泰斗，母校授予他荣誉博士，表面很风光，但直到跳崖，他都处于监控之中。二战后，他受邀访美，也被美国国务院拒绝入境。

英国著名考古学家多有皇室颁授的勋章和爵衔(Sir 或 Dame)，如夏鼐提到的"五大师"，除柴尔德之外，都有这类头衔。

柴尔德与李约瑟是一类人，左翼，亲共。1952 年，李约瑟参加过细菌战国际调查团，去朝鲜，回国后遭受围攻，未能封爵，但 1992 年他至少得过皇家勋章 CH(Companion of Honour)。柴尔德则从未获得任何来自英国皇室的荣誉。

走出"史前社会"

柴尔德讲过两句话，可以代表他对未来世界的看法。

或许，马克思主义的分析只适用于一个尚不存在的世界国家的世界经济。它是个不可避免的结果，但尚未到来——假如你们的原子弹未能事先把整个人类大家庭彻底消灭。美国制度的垮台或许会推迟，就像英国靠帝国主义延命，英国人和其他欧洲人(苏联除外)正转化为外在的无产者，就像英帝国晚期的印度人和苦力，但我毫不怀疑，美国的资本主义结构会使来自欧洲人的贡品大受欢迎。(1948 年 9 月 18 日致莱斯利·怀特信)

注意：他是把"假如你们的原子弹未能事先把整个人类大家庭彻

底消灭"当作"未来世界"的前提。另一段话：

> 马克思本人要想摆脱此类偏见，与其把空洞无物的"共产主义"说教留给后人，还不如明智地断言，它的实现并不是历史的终结，而是人类社会史前史阶段的终结……历史学家的责任并不是想出某种近似绝对价值的东西，给它贴上"进步"的标签，而是从历史中发现那些最接近"进步"的价值。（《过去、现在与将来》书评，1956 年）

注意：他是把当代资本主义归入"人类社会史前史"，而把"未来世界"当作这个"史前社会"的终结。

人类的命运全靠人类自己

柴尔德的反战思考有两重含义。第一，《人类创造自身》（这个题目借自马克思），讲历史是人类自我选择的结果，没有现成答案；第二，《历史上发生过什么》，讲历史进步的大趋势，讲光明如何战胜黑暗，如"三大革命"，希腊化的辉煌，罗马帝国的衰亡。

他讲人类进步，提出过一个问题：衡量标准是什么？这个问题很难回答，他是把人口增长曲线视为标准。这个标准，似乎很低，其实很高。人类总是挣扎徘徊于哈姆雷特的经典独白（"生存还是毁灭"）。在他看来，活着就有希望。柴尔德的书，李约瑟的书，贝尔纳的书，关注的是同一问题。

然而文明也是自杀史。人类可以创造自身，也可以毁灭自身。历史上，多少文明都毁灭了，多少人不明不白就死掉了，虽然还有人活下来。光明注定会战胜黑暗吗？未必，这只是他的信念。二战中，德军占领法国，柴尔德深感绝望，认为德军登陆后他必死无疑，英国的制度也好,苏联的制度也好,都将同归于尽。

苏军大反攻后,他一度充满希望,但在冷战第一轮,他再度陷入绝望。在《告别》中,他说,65 岁的他已经不再有创造力,他不愿贫病而死,宁愿选择自杀。

三首献给柴尔德的诗

有三个人给柴尔德写过献诗。

一位是皮戈特。皮戈特是英国著名考古学家。柴尔德离开爱丁堡后,是他接替柴尔德的教席。1934—1935 年,他写了一首三节连韵诗。当时,柴尔德仍在爱丁堡大学。他说,此诗是献给他心中的"王子"(Childe 有"王子"义)。他特别欣赏柴尔德的《曙光》,全诗每一节最后一句都是说,答案就在《曙光》的某个脚注中。此诗可以代表考古学家的看法。

一位是林赛。林赛出生于澳大利亚,是他的老乡。柴尔德这一辈子,可以称为"至交"的老乡只有两人,一位是伊瓦特,一位是林赛。伊瓦特是他在悉尼大学时的同学,后来成为澳大利亚工党主席,当过澳大利亚总理和联合国大会主席。林赛是英国著名左翼作家,参加过英国共产党。他俩相知甚深。他一死,林赛马上就想到他是自杀。1963 年,他写了一首诗,怀念他们在布里斯班的初次相遇。当年,他俩同游铃鼓山,住在山上,海阔天空,纵论天下。回首往事,令他穿越时空,仿佛目睹柴尔德的蓝山一跃。

一位是大卫·马丁(David Martin)。马丁参加过西班牙内战,1950 年因躲避法西斯迫害,移居澳大利亚。他与柴尔德素昧平生,但有共同的反战经历,对他的晚期著作更有共鸣。他的诗收在一本1972 年出版的诗集中。他说,他从《人类创造自身》《历史上发生过什么》看到了"人类的希望"。

四 柴尔德死后

今年(2022)是柴尔德诞辰 130 周年,咱们应该纪念一下。斯人已逝,留给我们的问题却很多很多。下面讲几点感想。

公理何曾战胜

一战后,卢浮宫的胜利女神像曾是"公理战胜"的象征。所谓"公理"即今所谓"普世价值""国际规则""国际秩序"。大家千万不要忘了,这些"公理"都是打出来的,战胜国说了算。

一战,中国留下个纪念物:"公理战胜坊"。1917 年 8 月 14 日,北洋政府对德宣战,中国因为出劳工(14 万),居然当了回"战胜国"。中国人不明白,"公理战胜"是英、法、美战胜,哪有中国什么事。所以当巴黎和会承认日本强占胶州湾时,中国人才会大受刺激。[27]

"公理战胜坊"本来是"克林德坊"。1902 年,德国公使克林德在东单当街杀人,被中国人杀,德国反而要中国道歉,原地为克林德立牌坊。1919 年,"克林德坊"改"公理战胜坊",搬到中央公园(即后来的中山公园),中国人以为,这回总算扬眉吐气,没想到还是耻辱柱。巴黎和会反而成了中国革命的导火索。

二战,中国又是战胜国。这回,中国可不是出劳工,而是真刀真枪同日本打,付出巨大牺牲,但雅尔塔会议,三巨头瓜分世界,还是按他

27　西方喜欢"打群架",打仗一定要拉上大小兄弟。两次大战,英、法都动员他们的殖民地参战,中国的参战属这一层次,哪有资格参加分赃。北洋政府对德宣战,本来是为了向日本借钱打孙中山,结果被列强要了。日本从德国手里夺取胶州湾,被巴黎和会承认,中国人备感屈辱,激发"五四运动"。其实从"公理"的角度讲,这一结果太顺理成章了——强盗只承认强盗逻辑。

们各自的战略需要,替我们随意做主。[28]

　　冷战,郭沫若代表中国参加世界人民保卫和平运动。1952 年,"公理战胜坊"又改"保卫和平坊",郭沫若题额。当时有正义感的人很多(如居里夫妇),他们苦口婆心讲了那么多可以称之为"公理"的话,但真正的世界和平离我们仍很遥远,当代的战争狂人根本不听这类"和平经",以致人们已经把它忘了。

　　一座牌坊见证了中国历史。公理何曾战胜?

人们总是把短暂的休战叫作"和平"

　　富勒(John Frederick Charles Fuller,1878—1966)《西洋世界军事史》(*The Decisive Battles of the Western World and Their Influence upon History*)提到三种"和平"。

　　1. 不列颠的和平(Pax Britannica):一战后的"和平"(1918—1939)。1929 年,世界经济大萧条。1931 年,日本侵占中国东北。1933 年,希特勒上台。1935 年,意大利入侵埃塞俄比亚。1936 年,西班牙内战。这 21 年,只有前 10 年,勉强可称"和平"。[29]

　　2. 美国的和平(Pax Americana):二战后的"和平"(1945—)。二战结束后,英国撺掇美国发动冷战。冷战和二战几乎是"无缝对接"。所谓"和平"只是"恐怖的和平"("核平")。

　　3. 鞑靼的和平(Pax Tartarica):他害怕的"和平"是当时以苏联为首的社会主义国家提倡的和平。他把苏联叫"鞑靼",意思是"野蛮

　　28　十月革命后,列宁曾宣布废除沙俄与各国签订的一切不平等条约,包括中国,但地缘政治是硬道理,形格势禁,做不到。如中国东北和内外蒙古,曾是沙俄、日本的争夺对象,苏联退出,则日本介入;日本退出,则美国介入。其他国家和地区,无不如此。

　　29　西方视野下的一战史、二战史还是以欧洲为主战场,起讫时间由欧美定,远东非所计也。其实,中国的抗战,无论从 1931 年 9 月 18 日算起,还是从 1937 年 7 月 7 日算起,都在英美定义的二战开始之前。可笑的是,国民政府对日宣战是 1941 年 12 月 9 日,反而跟在美国对日宣战(12 月 8 日)之后。

人",因此绝不给它"和平"。

人们总是把短暂的休战叫作"和平",但每一次"和平"都埋伏着下一次战争。

"冷战"的走向

19 世纪,普鲁士军事家克劳塞维茨有句名言,"战争是政治的继续"(《战争论》)。他强调,政治是目的,战争是手段。战争是政治手段升级的最后一步。这是"总体战"(Total War)的滥觞。

20 世纪的三次大战都是超越国界的大国对抗、集团对抗,特点是手段综合,政治、经济、外交、军事一体,全面动员。一战,德国是挑战者和失败者。二战前,纳粹德国总结失败教训,发明"总体战",德文叫 Totale Krieg。

冷战,这种特点更突出。冷战以核武为后盾。核武是武器升级的最后选项,但不是唯一选项。核威慑下有很多选项。

2009 年美国提出"混合战"(Mixed War)。"混合战"仍然属于"总体战",只不过它更强调军事手段和非军事手段的混搭使用,除去经济制裁、政治颠覆、军事干预这"三板斧",还有科技战、情报战、信息战、舆论战、心理战等等,先出哪张牌,后出哪张牌,没有一定,真真假假,虚虚实实,什么糙招都上,更能体现"兵不厌诈"。"和平"与"战争"越来越分不清。

奥威尔说,战争即和平,谎言即真理。每天看电视,现在的世界还是这副德行。

奥威尔笔下的"三国演义"

历史上的帝国分三大类型:海洋帝国、草原帝国和农业帝国。现代地缘政治仍然背负着它们的遗产。

大航海时代,大西洋文明代替地中海文明,英、法、美代替荷、葡、西,占有最多的海外殖民地,[30]俄国是陆上殖民,德、意、日在海上、陆上都没份,所以要打,一次不够,还有第二次。冷战,殖民改驻军。

奥威尔在《1984》中为冷战中的世界格局提供了一幅想象的地图。书中没画地图,只有文字描述。他提到三个超级大国。它们都有核武器,都是极权国家。

大洋国(Oceania):美国吞并英国和英国殖民地的结果,范围包括英伦三岛、南部非洲、大洋洲和南北美洲,从东、西、南三个方向包围后两个大国。奥威尔称之为"英国社会主义"。

欧亚国(Eurasia):苏联吞并欧洲的结果,范围包括整个欧亚大陆的北部。奥威尔称之为"新布尔什维克主义"。

东亚国(Eastasia):指中国、朝鲜、日本和中南半岛这一块,没说谁吞并谁,范围也时有伸缩,西部边界模糊不清,大体处于欧亚国的下方。

三国间是争议地区:范围大约在丹吉尔(摩洛哥北端)、布拉柴维尔(刚果首都)、达尔文(澳大利亚北端)、香港(中国南端)四点之间。

奥威尔有恐俄症,认为欧洲将被苏联吞并,大洋国也被赤化。他把事情说反了。

"后冷战"仍是"冷战"的继续

通常人们把二战后的历史分为前后两段,1989 年以前叫"冷战时期",1991 年以后叫"后冷战时期"。后者一直延伸到现在。

1989—1991 年的大事是苏联解体。苏联解体是个连锁事件,[31]关

30　我记得,小时候的世界地图上,亚非拉各国还括注英、法、美、荷、葡、西一类字。

31　相关事件包括:东欧七国易帜、波罗的海三国独立、俄白乌独立、外高加索三国独立、中亚五国独立和南斯拉夫解体。案:戈尔巴乔夫宁愿放弃东欧七国和波罗的海三国,换取苏联不解体,但未能如愿。乌克兰率先独立后,美国曾顾虑苏联会不会在乌东和克里米亚做什么反应。其实,苏联正急于投怀送抱。叶利钦在老布什面前跟戈尔巴乔夫抢戏,比戈尔巴乔夫更急于投怀送抱,为保俄白乌联盟(这是索尔仁尼琴的主张),他宁愿苏联解体,所以不管其他加盟共和国有什么感受,宣布俄白乌独立,成立独联体。

键是三件事:一,1989 年 12 月 3 日戈尔巴乔夫和老布什在马耳他会晤,宣告冷战结束;二,1991 年 7 月 1 日华约宣布解散;三,1991 年 12 月 8 日,叶利钦、舒什克维奇和克拉夫丘克在白俄罗斯签订《别洛韦日协议》,苏联解体,独联体成立。

尽管戈尔巴乔夫和叶利钦认为,美苏已经握手言和,但美国并不认可这种观点。

1992 年 1 月 28 日,老布什志得意满,向全世界宣布:"在上帝的保佑下,我们取得了冷战的胜利。"注意,他是这样说,"冷战不是'结束'了,而是我们赢了"。

美国从未放弃冷战,"后冷战"仍是"冷战"的继续。

战争从未远去

美国步枪协会把"枪"与"自由"绑在一起,讲什么"枪不杀人人杀人","枪保护好人不被坏人杀",最能解释"美国自由观"。

关于"普世价值",我说过一句话,"美元最普世""美军最普世"。

美国军工复合体,靠售武赚钱,不断为武器升级换代,把过期的库存倾销世界,以动乱和战争为商机,到处制造"威胁",到处寻找"威胁",把世界拖入战乱无止,把武器贸易变成全世界最普世的"价值"。美国控枪无解与世界军控无解是同一个源头。

现在是 21 世纪。流行说法是,冷战已经结束,新世纪的主题是"和平与发展":"和平"代替"战争","发展"代替"革命"。李泽厚有"告别革命"论,但苏联解体后,我们迎来的却是一场接一场的战争:1991 年,海湾战争;1999 年,科索沃战争;2001—2021 年,阿富汗战争;2003—2011 年,伊拉克战争;2011 年,利比亚战争;2011 年至今,叙利亚内战;2022 年至今,俄乌冲突。中、俄虽告别革命,英、美却从未告别战争。美国几乎没有不打仗的总统。仅此一事,已足说明一切。

没有"和平",哪来的"发展"？世界会好起来吗？答案就在眼前。去"美元化",去"美全球驻军",世界才有希望。

李　零

2022 年 9 月 20 日在北京大学演讲,

其后不断改写,2023 年 10 月 19 日杀青

目　录

致　谢

感谢特雷弗·沃特金斯(Trevor Watkins)博士,格林·丹尼尔(Glyn Daniel)、科林·伦福儒(Colin Renfrew)和斯图尔特·皮戈特(Stuart Piggott)教授在本书写作过程中给予的帮助和鼓励。特别感谢约翰·麦克奈恩(John McNairn),他曾与我多次畅谈柴尔德工作的方方面面,给我了许多启发。

前　言

众所周知,分类系统和解释模型对考古学研究起着至关重要的 1
作用。因此,要建立对过去的准确理解,必须对考古学的理论基础进
行考察。为此,我们需要建立一种历史视角,将当前的理论和方法放
回其发展历程中进行考察;我们从过去的考古学家那里继承的,不仅
是他们积累的数据和材料,还有他们所使用的分类系统和阐释方法。

本书考察考古学学科发展中最为杰出和最具影响力的人物之
一——V.戈登·柴尔德(V. Gordon Childe,1892—1957)的方法和理
论。柴尔德对于欧洲和东方史前史独具广度和深度的研究视野广为
人知。最重要的是,他被视为一位"考古学的集成者,延续了蒙特留
斯(Montelius)[1] 的学术传统,能够以学者的超然态度,透过近距离的
考古细节,审视欧洲场景,既见木,又见林"(Piggott 1958a,77)。二十
世纪初的考古学的主流是详细具体的个案研究,因此柴尔德的作品
显得格外突出,如《欧洲文明的曙光》(*The Dawn of European Civiliza-
tion*,1925)、《史前多瑙河》(*The Danube in Prehistory*,1929)、《不列颠
群岛的史前群落》(*Prehistoric Communities of the British Isles*,1940)等
重要著作,建构了完整的欧洲史前史。柴尔德成功地将此前分散于欧
洲各地图书馆和博物馆的材料进行搜集和整合,从而打破了各个研

---

[1]　古斯塔夫·奥斯卡·奥古斯都·蒙特留斯(Gustav Oscar August Montelius)是著
名瑞典考古学家、考古类型学大师。他所著的《东方和欧洲的古代文化诸时期》第一卷
《方法论》,对中国考古学界有着深远的影响(本书脚注均为译者注)。

究中心之间的地理和语言区隔,为欧洲考古学家提供了开展研究的总体框架。

2   除了作为"集成者"的工作,柴尔德还为考古学做出了许多其他重要贡献。他在考古学的理论、方法和哲学等方面著述颇丰,这也在许多方面预见了该学科在二十世纪六七十年代的发展。早在 1935 年,柴尔德便曾直截了当地阐述他在考古学上的目标和方法(1935c),到了二十世纪四十年代,他提出考古学应当在社会科学中发挥作用(1946d)。他自始至终积极参与解释和修订当时学科中主流的分类系统,包括"三期说"及考古学的"文化"概念。这些工作对他而言至关重要,因为他坚信,合理的分类系统是衡量一门科学的首要标准(1935c)。

柴尔德无疑是本世纪上半叶考古学方法论的主要贡献者。同时,他在历史和哲学理论方面的工作为这门学科形成"批判性自我意识"发挥了重要的作用(Clark 1973)。柴尔德也是首位采用明确的方法论,以及历史和社会理论的考古学家。尽管他不认为考古学能够发展出自己的历史法则,但他确实预见了考古学在构建这种法则中所起的重要作用。他认为考古学和人类学作为关于"人的科学"(the science of man)的两个分支,可以为归纳历史进程的规律提供基础,具体地说,考古学可以检验人类学民族志对当下文化所做的共时性分析(1946d)。

柴尔德致力于寻找历史的法则,这些法则在他看来是科学的,并不带有文化背景的主观性。带着这种对客观性的追求,他考察了不同的历史模型,包括宗教的、人类学的,以及马克思主义的。柴尔德认为马克思主义最适合考古学阐释,并将其作为自己的历史模型。

> 既然"生产资料"在考古记录中如此重要,我想大多数史前史研究者应该都是马克思主义者,因为要从化石中研究人的行为模式,"生产资料"扮演着决定性角色。(1958a,72)

然而,柴尔德做出这样的判断却不单是因为马克思主义和考古学都
必须从过去社会的物质遗存中做出推论。柴尔德对现实的本质持有　　3
强烈的哲学观点,认为现实是一个自给自足且不断变化的过程。在他
看来,马克思主义提供了唯一接近这一观点的史学模型;而其他理论
则无法处理"变化"的问题(1945c,21—26)。柴尔德在晚年对认识论
的兴趣增加了他的思考深度。柴尔德明确了他的思想的哲学基础,也
让我们有了一个极好的机会来考察这位杰出的考古学家的个人哲学
和他的工作之间的关系。

　　在他1957年去世之前,柴尔德在一篇题为《回顾》(Retrospect)的
简短自传体文章中明确表示,自己对考古学的主要贡献本质上是理
论性的。

　　　　我对史前史做出的最具原创性和最有用的贡献,当然不是
　　通过惊世骇俗的实地发掘或在博物馆馆藏中进行耐心研究而带
　　来什么新的发现,也不是有充分根据的考古断代或新定义的文
　　化,而是阐释性的概念和方法。(1958a,69)

　　然而终其一生,他所做的考古学理论方面的工作却在相当大程
度上被同代人忽视,甚至直到今天也不为人所知。本书试图改变这种
状况。这并不意味着贬低柴尔德作为一个"集成者"的角色,也不是
夸大他对理论的关注,而是把他工作的这两个方面都看作是对史前
史整体研究的组成部分。本书并未穷尽柴尔德的生平著作,而是考察
我认为柴尔德思想中最为主要的方法论、理论和哲学根基,以及他对
欧洲和近东史前史所做的整体性阐释。

01 欧洲和近东史前史的集成

　　1892 年，V. 戈登·柴尔德出生于澳大利亚新南威尔士；他的父 4 亲斯蒂芬·亨利·柴尔德(S. H. Childe)是一位牧师。柴尔德就读于 悉尼的英格兰国教会文法学校(Church of England Grammar School)，后进入悉尼大学学习拉丁语、希腊语和哲学专业，1913 年毕业。其后，他在牛津大学学习经典学(包括古典学和哲学)，于 1917 年以"一等"成绩毕业，同时在约翰·迈尔斯(John Myres)教授和亚瑟·伊文思爵士(Sir Arthur Evans)的共同指导下完成了主题为印欧起源的文学学士(B. Litt.)课程。这一研究对柴尔德思想的后续发展产生了重大影响，为他进入欧洲史前史研究提供了最初的动力。

　　像古斯塔夫·科西纳(Gustav Kossinna)一样，我从比较文献学进入史前史；我开始了对欧洲考古学的研究，希望找到印欧人的摇篮，并确定他们的原始文化。在施拉德(Schrader)和杰文斯(Jevons)、齐默(Zimmer)和威拉莫维茨-莫埃伦多夫(Wilamowitz-Moellendorf)的指导下我阅读了《荷马史诗》和《吠陀经》。伊文思在克里特岛，以及韦斯(Wace)和汤姆森(Thomson)在塞萨利(Thessaly)的史前发现让我激动不已。事实上，我希望在后者和巴尔干半岛北部的某个地区之间找到考古联系，类似的联系或许可以把我们引向伊朗和印度。这个尝试——显然没有成功——是我在牛津的文学学士学位论文的主题,并让我继续在牛津和伦敦的图书馆里试图研究著名的乌克兰"前迈锡尼"陶器,以及巴尔干半岛、特兰西瓦尼亚和中欧的类似器物。(1958a,69)

然而,那时的柴尔德并没有继续在这方面进行更深入的研究,而是回到澳大利亚进行了一次他后来称之为"关于澳大利亚政治的感伤之旅"(1958a,69)。在第一次世界大战的最后两年里,他作为澳大利亚为免战争民主控制联盟(Australian Union of Democratic Control)的成员参加了反征兵运动。1919 年,他成为政治家约翰·斯托里(John Storey)的私人秘书,斯托里在次年被任命为新南威尔士州州长。然而,斯托里在 1921 年去世,柴尔德的政治生涯也随之结束,次年他回到了英国。

也正因如此,柴尔德的第一本书并非考古学著作,而是关于澳大利亚政治的。1923 年,伦敦的一家小型左翼出版社,即共产党劳工研究部(Labour Research Department of the Communist Party),出版了《劳工如何执政》(How Labour Governs),该书分析了二十世纪头二十年澳大利亚劳工运动的发展。而《劳工如何执政》的出版也宣告了柴尔德退出政坛。他认为工人运动存在结构性的懦弱和腐败,为这样一个愈发萎靡而涣散的阶级继续参政,更是自作多情(Smith 1964,ix)。但柴尔德并没有退出左翼阵营,只是离开了"充斥澳大利亚社会和政治生活的庸俗和反动"(Gollan 1964,62)。

回到英国后,柴尔德花了几年时间,从考古学和语文学的角度考察欧洲起源的问题。他到往欧洲大陆的许多图书馆、博物馆和重要遗址进行研究(Green 1977,23ff.),随即出版了两部重要著作,《欧洲文明的曙光》（1925）[1]，和一部不太为人所知的续篇，《雅利安人》（*The Aryans*, 1926）。

《曙光》首先是一本考古教科书，介绍了遍及整个史前欧洲的诸多文化。其中有许多内容，尤其是东南欧的文化，在当时的英国考古学界尚不为人知。柴尔德通过自己的旅行将其收入书中。因此，《曙光》作为一本工具书，描述了欧洲到大约公元前 1500 年的文化，为专业研究者提供了二手文献资料（Piggott 1958a, 75）。而对现代读者来说，这些冗长而详细的描述并不符合科学方法的标准。总的来说，这种方法非常依赖直觉，也没有统一标准化的描述方法。此外，文本中充满了类似"典型"（typical）和"特征"（characteristic）的表述，这些概念在今天需要更精确的定义。这本书图片数量很少且质量不尽人意，并不是科学插图，对阅读起不到太大帮助（Piggott 1958a, 77; Crawford 1926, 90）。

《曙光》对欧洲史前史研究发展的重要性，并不在于对个别文化的描述。当时欧洲考古研究通常以区域为基础，而柴尔德整合性的论著则提供了一个整体框架，让不同区域的考古学家可以定位他们具体的研究。柴尔德在《曙光》中所勾勒的史前史，事实上成为其后三十年考古研究的标准框架。然而，在继续讨论这一框架的主要结构要素之前，必须考察柴尔德写作该书的总体目标。在序言中，柴尔德将他的主题概括为"将欧洲文明的基础视为人类精神一种特殊和个性的表现"（1925a, xiii）。终其一生，他认为自己通过对史前史漫长探索，发现了现代欧洲社会根本的进步性，并为之深深着迷。他认为，正是"活力、独立性和创造性"这些品质使现代欧洲人与东方人有所不同（1925a, xiii, xiv）。

1　下文简称《曙光》。

柴尔德在《曙光》中的主要任务是追踪导致现代西方文明的新进步力量的起源,在这里他试图寻求两种对立观点之间的和解。

> 在这个论题上存在一些截然对立的观点。一派观点认为,西方文明仅始于历史时期公元前 1000 年后地中海之一角,其真正的史前史不在欧洲,而应到古代东方去寻找。而另一方面,我的一些同行似乎已经发现了人类文化所有较高层次因素在欧洲本土的起源。我对这些极端观点皆难以苟同,依我之见,事实的真相介于这两者之间。(1925a,xiii)

因此,柴尔德试图在两个对立的思想流派的背景下,对欧洲文化的基础做出平衡的解释;东方主义者(Orientalists)认为史前欧洲的文化发展依赖东方文明的传播,西方主义者(Occidentalists)认为欧洲史前史的演变本质上是一个自给自足的过程。尽管当时演化和传播被普遍认为是相互排斥的对立面(Daniel 1971,75—79),但这两个学派之间的辩论并没有陷入纯粹的传播论对演化论的二分法。两个学派的主要人物都是坚定的传播论者,这也让情况变得更加复杂。一方面,东方主义学派的领袖 G. 艾略特·史密斯(G. Elliot Smith,1928)强调有"太阳之子"之称的埃及人对世界进步的独特贡献,他们的全球迁徙给整个世界带来了文明。另一方面,西方主义学派的主要代表人物古斯塔夫·科西纳(1921)将他认为的人类文化中的所有高级元素归因于另一个不断迁徙的民族,即印欧人(Indo-Europeans)或雅利安人。

当我们来评价柴尔德如何和解两个学派之间的矛盾时,很明显,他实际上并非在东西方两种传播论之间达成妥协,而是在东方传播论和欧洲文化的独立演化说之间达成妥协。

　　人类祖先通过艺术和手工艺摆脱环境束缚，并且创建了的
精神纽带，我认为，在这两点上，西方都受惠于东方。但是，西方
人并非盲目的模仿者；他们改造了来自东方的馈赠，将非洲与亚
洲所创造的成就整合成一个新的有机整体，从而能够开创自己
的发展之路。(1925a,xiii)

柴尔德提出，旧石器时代之后的欧洲史前史有两个主要阶段。在第一
阶段，欧洲文化的发展是由来自东方文明传播决定的，在第二阶段，欧
洲文化沿着自己独立的路线发展。他认为东方优先于西方的最初原
因是前者更优越的气候条件。

　　北欧冰川的形成，使得非洲、西亚和南亚产生了比今天更加
温暖湿润的气候。而那时欧洲大陆的气候只有今天的爱斯基摩
人才能适应，北非和西亚的居民却享受着非常有利于文化进步   8
的自然环境……
　　我们必须承认，真的文明是在古老东方兴起和建立的；而这
时的欧洲仍沉浸在后石器时代(epipalaeolithic)的蒙昧之中。因
而，欧亚最早家畜和栽培作物之间存在明显共性这一众所周知
的事实，有力说明了是东方文明的传播将欧洲从旧石器时代
(palaeolithic)带入了新石器时代(neolithic)。(1925a,22,23)

柴尔德认为欧洲与东方关系的转折发生于青铜时代。

　　大约公元前十六世纪，一个新的有机体已经开始运作，西方
人已经准备好扮演主导的角色。在早期青铜时代的爱琴海、多瑙
河流域、斯堪的纳维亚和不列颠岛各民族中，我们已经可以识别

出那种西方所独有的"活力、独立性和创造性",使之与埃及、印度或中国文明区分开来。(1925a,xiii,xiv)

柴尔德似乎确信,欧洲之后的现代文明发展,自青铜时代开始就已经确定,而《曙光》也就此停笔。

> 我的任务是展示许多具有新兴活力的地区所共有的那种文化资本的塑造,其发展最终改变了世界的面貌。因为在青铜时代中期新兴力量的萌芽明显很活跃,于是这个阶段就成为探寻这一问题的自然界标。(1925a,xiv)

由于《曙光》特别关注欧洲史前史的第一阶段,书中的主要论点带有明确的东方主义和传播论色彩。因此,如果断章取义地来看,很容易对柴尔德此时的整体学术立场产生误读。

东方主义者和西方主义者之间的持久论争在很大程度上是由于缺乏史前欧洲的确切断代。当时,通过层位学和类型学分析在欧洲建立文化序列(culture sequences)的唯一方法,是与近东文明的历史时期建立系统联系。然而,这样做需要做出两个重要的传播论假设:第一,必须假设欧洲和近东之间存在文化相似性是这两个地区"接触"的结果。第二,必须假定接触的方向(Renfrew 1973,28—47)。

在《曙光》的第一版中,柴尔德定义了东方和欧洲之间的两个主要传播渠道,地中海航道和多瑙河河谷。此时他关注的重点是东地中海和伊比利亚半岛之间的联系。这是西方论与东方论分歧的主要焦点。前者完全从孤立的角度看待伊比利亚文化的发展,而后者则参照东方的影响,寻求对这一发展的重要转折点的解释。

争论的主要问题之一是关于伊比利亚半岛上巨石建筑的起源

（1925a,129—137）。当时，这不仅是伊比利亚文化内部发展的一个关键问题，也对理解整个欧洲史前史至关重要，因为巨石建筑的广泛分布通常被认为是单一文明中心传播的结果。而两个学派的分歧在于这个中心的位置。西方主义者提出伊比利亚起源，而东方主义者则倾向于埃及起源。前者认为石棚墓（dolmen）是中石器时代西班牙的当地发明，实际上是一个人造洞穴，因此是旧石器时代和中石器时代埋葬方式的延伸。然而，后者在埃及墓冢中寻找巨石的原型，在这里看到了对巨石坟墓的许多特征的合理解释。在这种背景下，他们将巨石的广泛分布归因于埃及淘金者的宗教实践。

对柴尔德来说，这两种观点都存在严重的问题。首先，东方主义者改变了蒙特留斯提出的巨石纪念物经典分类。蒙特留斯并不主张从石棚墓，到石隧墓（passage graves）、石廊墓（gallery graves）和石柜墓（cist）的线性发展，而将石棚墓和石柜墓都视为退化类型（degenerate forms）（1925a,131）。其次，柴尔德对淘金者的假设也不满意，因为事实上在巨石坟墓中没有发现贵重金属。但他对西方主义的论点更为怀疑。虽然他相当赞同旧石器时代和新石器时代埋葬方式之间有某种连续性的看法，但他不认为爱琴海和埃及的埋葬方式来自西方。"说西方野蛮人向埃及人和克里特人传授了死亡崇拜，显然是荒谬的。"（1925a,133）10

这里，柴尔德试图平衡这两种观点。虽然他接受了东方起源说，但他也并非不承认西方的贡献。他开始思考石棚墓的概念如何最初传播开来。

或许早期的航海者确实最初将石棚墓的观念带到了西方。而他们的来世观对土著人来说并非完全陌生。后者很可能将此新观念与打磨石器，以及航海等新技术相结合，并将这个粗略版

本的石棚墓传遍整个西方。(1925a,133,134)

然而他后来又提出,是真正的"殖民者"——商人,而非"来自东地中海的勘探者"——带来了叠涩拱(corbelled vault)和冶金术。"因此,伊比利亚半岛出现了一个名副其实的爱琴海海洋文明的翻版,尽管融合了当地元素。"(1925a,137)

　　然而,柴尔德并不认为这些巨石建筑者对欧洲的进一步发展起了任何特别的作用。

　　　　西班牙伟大的洛斯·米莱尔斯(Los Millares)文明,就像后来的阿拉伯文明一样,被迫逐渐走向衰落。也许是它太东方了,无法在西方的土壤中存活。来自大西洋的巨石建筑者,尽管拥有宏伟的纪念物,在文明发展中的作用远比某些当代学者认为的小得多。(1925a,302)

在《曙光》(1927)的第二版中,它们因此被置于次要地位,重点从爱琴海-伊比利亚海道转移到"多瑙河通道"(Danubian thoroughfare)。柴尔德认为,多瑙河农耕文化是史前欧洲最为先进的文化之一。用他自己的话来说,多瑙河流域的人们"创造了一种文明,并由此在我们大陆的大部分地区注入了进步的血液"(1925a,171)。

　　多瑙河文化的起源再次成为东西方学派之间的另一个重要争论点(1925a,175)。施利兹(Schliz)将多瑙河文化归因于来自西方的克罗马侬人的迁移,科西纳认为他们是来自德国西北部的埃尔特博尔人(Ertebolle)的后裔。瓦西特斯(Vassits)则猜测他们与特洛伊文明有关。柴尔德虽然没有明确表示认同特洛伊移民说,但确实支持地中海起源。

总的来说,多瑙河文化确实与地中海有着密切的联系。海菊蛤贝壳(*Spondylus* shells)是一个佐证;塑像在地中海盆地也很常见;螺旋纹(spiral)虽然发源于多瑙河,却随后繁荣于爱琴海;塞萨利出土的"鞋楦形斧"(shoe-last celts)可能意义重大。有限的人体测量数据可以支持地中海起源。多瑙河文查遗址(Vinča)最底层出土了一个长颅(long headed)头骨。施利兹对西里西亚(Silesia)、波希米亚(Bohemia)、萨克森尼(Saxony)和莱茵河流域出土的螺旋蛇纹陶器中的人骨研究,揭示了一个矮小身材,颅型较长的人种。他甚至承认头骨与赛基(Sergi)的地中海人有一定的相似之处,但也有重要的区别,最终得出结论,多瑙河人是北欧人种(Nordic race)的一支。最后,在多瑙河二期的谷物中发现了地中海盆地常见的品种。(1925a,176)

柴尔德看到了航海者的文明影响以停滞告终,而认为多瑙河人为欧洲的进步做出了重要贡献。在概述其原因时,他谨慎地平衡了欧洲新文化创造中的东方和西方因素。与此同时,他提到游牧者入侵多瑙河流域,认为这防止了北方的文化停滞,并将青铜冶金术引入匈牙利。

这个我们刚刚描绘的文化区,其实是欧洲大陆早期文明发展的枢纽。在逐渐扩张的过程中,多瑙河一期的农人带着家畜和栽培作物,并在他们的西方邻邦中传播"新石器的技艺"。游牧者的入侵打破了北方的停滞状态,并给匈牙利带来了苏美尔人早已发明的金属工具和武器。后来大口杯人(beaker folk)建立了多瑙河与爱琴海之间的贸易联系,使特洛伊冶金术运用于波西米亚的锡。在这些刺激下,安杰提兹(Aunjetitz)文化兴起,成为北欧和匈牙利

12

青铜时代的基础。最后,匈牙利平原上的多瑙河人受到波希米亚和迈锡尼模式的启发,创造出他们自己的铜器文化,一个凭借武力独立于地中海人的中欧文明。(1925a,200—201)

在《曙光》一书中,柴氏认为入侵多瑙河流域的游牧者来自从俄罗斯东南部向日耳曼地区北部和西部传播的庞大的战斧文化(Battle-axe cultures)复合体。他认为是这些文化将美索不达米亚的影响经由欧洲平原带往多瑙河流域。

然而,除了这个简短的概述之外,柴尔德并没有深入解释为何伊比利亚文化衰落的同时多瑙河文化得到了发展。此时他认为,欧洲的文明进步问题只能通过跨学科的方法来解决;即考古和语文学相结合。因此,在1926年出版的《雅利安人》中,他综合语文学和考古学的数据进行了详细辨析。

然而,到了二十世纪二十年代,雅利安人的问题已不再是纯粹的语言学问题,而是带有强烈的种族主义色彩。雅利安人被普遍描述为,金发碧眼的高大长颅人种,被广泛认为是所有人类中最为高贵的。雅利安种族优越论对二十世纪早期的所有西方思想产生了深远的影响(Snyder 1939,1962;Poliakov 1974)。然而,它在德国最受欢迎,在那里它通过亚瑟·德·戈比诺(Arthur de Gobineau)和休斯顿·张伯伦(Houston Chamberlain)等人的作品而普及,也成为希特勒主义(Hitlerism)的理论基础之一。

13　　　历史已经无比清楚地表明,每当雅利安人的血液与劣等民族混合时,结果就是维系种族的文化的终结……我们在这个地球上所赞美的一切——科学、艺术、技术和发明——仅仅是少数国家的创造性产物,而且最初可能是一个单一种族的创造性产物。所有这些文化的存在都依赖他们。如果这些国家被毁灭了，他们会把地球上所有的美带进坟墓。

过去所有伟大的文化都走向毁灭，因为最初的创造性种族死于"血液中毒"。一直以来都是这样——这种毁灭的最终原因来自一个错误，即文化独立于人，而事实恰恰相反——有创造力的人必须捍卫自己的文化。

这一观点与必然的铁律和最好最强的胜利法则紧密相连。在这个世界上，想生存的人必须战斗，不想战斗的人不配活着。那对种族的法则置若罔闻的人阻碍了最好的种族的胜利及全部人类的进步，他们与无助的野兽无异。

如果把人类分为三类，文化的创建者、维护者和破坏者，那么雅利安人就代表了第一类——创建者。人类所有创造性努力的基础都来自他们。（Hitler in Snyder 1962，155—157）

柴尔德意识到了这些种族主义倾向的发展，并警告不要在政治中误用雅利安人论点。

北欧人的神化已经与帝国主义和统治世界的野心联系在一起："雅利安人"一词已经成为危险派别的口号，尤其是那些野蛮且明目张胆的反犹主义者。事实上，在英国，印欧语文学研究遭到的忽视和抹黑在很大程度上归因于对休斯顿·斯图尔特·张伯伦及其同类的行为，对雅利安人一词最严重的背叛就是将其与种族迫害联系起来。（1926a，164）

《雅利安人》主要致力于追溯历史上印欧人的第一次出现，并回顾关于他们最初家园的各种假设。在这里，柴尔德借助了语言古生物 14

学,试图通过比较印欧语系的已知单词来重建母语的原始形式。这反过来为重构最初的印欧语环境提供了机会。然而,语言古生物学的方法受到了许多问题的困扰,其中最大的问题是不同线索之间的年代顺序。此外,这些线索的分布一般区隔较大,以至于几种不同的理论可能同时成立(Mallory 1976)。

　　在回顾了亚细亚、中欧、北欧和南俄罗斯起源等主张之后,柴尔德初步确定第一批印欧人最有可能来自南俄罗斯(1926a, 183—204)。与他在该领域的主要对手——科西纳一样,柴尔德认为遍布日耳曼地区西北部、中东欧,以及南俄罗斯大草原的庞大的战斧文化,就是最原始的印欧人。但柴尔德强烈反对科西纳提出的战斧文化发源于西北欧的论点,而主张南俄罗斯地区为其发源地。科西纳的设想是战斧文化是由一群好战的游牧者和耕种者从日德兰半岛(Jutland)传播到整个欧洲和南俄罗斯,甚至更远的地方,但柴尔德的想法则正相反,认为日德兰文化是战斧文化从欧洲东南部向北移民的结果。

　　有趣的是,这两种观点都在很大程度上依赖考古数据,因为古生物语言学提供的线索要么过于笼统,要么太缺乏说服力。尤其是日耳曼学派非常确信北方起源的考古案例的有效性,以至于他们倾向于尽量少用语言学数据。从根本上讲,他们的主要观点是北欧战斧文化可以为日耳曼地区西北部土著的演化过程提供满意的解释(1926a, 164—168)。大约在公元前10000年,最后一次冰川作用结束后,冰盖消退,波罗的海洼地被旧石器时代驯鹿猎人的后代占据。在整个地区

15　众多湖泊的岸边,这些猎人创造了生机勃勃的狩猎-捕鱼经济,拥有高度发达的马格勒莫斯文化的(Maglemosian)骨器与石器制造技术。科西纳认为这些是印欧人和芬兰人的祖先,假设他们说一种黏着语(agglutinative tongue),印欧语和芬兰-乌戈尔语(Finno-Ugrian)从这种语言演化而来。大约公元前6000年,欧洲的气候变暖,导致冰帽进一

步退缩,随后波罗的海海水洼地被填满。当更保守的渔猎者为了保留基于淡水经济的生活方式而向北部和东部扩张时,其中适应性更强的族群利用新的环境条件,创造了著名的埃尔特博尔文化。大约在公元前4500年,这些人开始驯养植物和动物,并发明了陶器和石斧。科西纳提出,发生了一次向南的迁徙,来解释为何印欧语系基本上分为咝音类语言(satem)和腭音类语言(centum)两种。那些将"k"发"s"音的人南下创造了多瑙河文明。在匈牙利,他们发现并开始开采当地铜矿,铸造了独特的战斧。与此同时,留在波罗的海的一部分人学习了石棚墓建筑技术,这种技术从西班牙经由爱尔兰传到了斯堪的纳维亚。然后,这些技术经历了一个快速发展的阶段,并向各个方向进一步扩展。尽管科西纳的主要论点在很大程度上依赖考古数据,但应该指出的是,他也试图为自己的主张寻求人类学支持。在种族和语言被等同视之的时代,这是标准操作。因此,科西纳在古代日耳曼地区的史前遗迹中寻找高大长颅的骨架,也就是现代北欧人的前身。

柴尔德对科西纳主张的人类学和考古学证据都提出了质疑。首先,他认为来自北日耳曼地区的骨骼证据并没有确定的年代,也没有指向一个纯粹的长颅骨类型。

在人种学领域,该理论的基础并不像人们所希望的那样稳固。科西纳依靠头骨来证明他的马格勒莫斯-多伯坦人(Maglemose-Dobbertin folk)的北欧特征,而这些头骨的年代无法确定;无论如何,北欧人种不太可能从西克罗马侬族血统中衍生出来,而是有着东欧或中欧血统。尽管如此,大体上可以认为,在马格勒莫斯文化和后来的贝冢(kitchen-middens)时期,北方可能存在一种原始北欧元素,就像其存在于日耳曼地区南部旧石器时代的最后阶段一样。另一方面,正如科西纳自己指出的那样,

16

在早期石棚墓中的尸骨,根据坎·费斯特(Kan Fürst)的说法,与那些虽然长颅,但身材矮小,在西欧建造石棚墓,在英国建造长坟(long barrows)的人一样,同属于欧阿非利加(Eurafrican)人种。(1926a,179)

与他同时代的大多数人一样,柴尔德也认为最初的雅利安人是今天的北欧人种的一支(1926a,159—164)。此外,他认为,日耳曼地区西北部文化当中的一些重要元素,不能被解释为内部发展的结果,相反,只能被视为来自外部。他特别提到了战斧,他和科西纳都认为它是雅利安文化的典型象征。科西纳认为战斧可追溯至旧石器时代的鹿角,而柴尔德的观点更为复杂,认为战斧来自南俄罗斯,经历了漫长而曲折的演变,尽管涉及许多未经证实的假设。

柴尔德认为,日耳曼地区的石制战斧实际上是仿照在匈牙利频繁出现的红铜斧-锛(copper axe-adze)制作的。他假设这些红铜斧-锛是两种美索不达米亚的斧型结合而成,一种斧刃平行于斧柄,另一种斧刃与斧柄成直角。据此,柴尔德推断,对斧-锛起源的最佳解释是其产生于南俄罗斯大草原,因为这个地区在前三千纪可能与美索不达米亚有过接触。然而,他自己也承认,这个假设的类型学序列尚未在考古记录中得到证实,因此不能作为依据(1926a,190)。

在《雅利安人》中,就像在《曙光》中一样,柴尔德的最终目标是对现代西方文明的基础做出解释。在这本书中,由于数据已经扩展到包括文献和考古来源,他的总体论点比之前的要全面得多。柴尔德的基本观点是人类的社会演化与智力发展密切相关,而智力发展又受语言的影响。

人类从野蛮到文明的进步与抽象思维的发展密切相关,这使人能够超越感官造成的混乱,并由此形成一个有序的宇宙观。推理的发展又与语言的发展齐头并进。文字是思想的精华。此外,语言的精炼在很大程度上可以衡量智力的进步。(1926a,3)

因此,如前所述,他不认为欧洲的进步问题可以仅仅通过考古学来解决,而是要通过考古学与语文学的结合来解决。

> 适宜的气候条件、独特的自然资源、便利的贸易路线不足以解释这一现象;隐藏在背后的历史事实是个人的能动性。而那是考古学无法了解的,具体的人(the concrete person)确实超出了史前史研究的范畴。但通过语文学的帮助,我们或许可以对种族特质有一定的了解。语言虽然是一种抽象概念,但比起通过比较燧石和陶片或测量头骨来描绘文化群体,它仍然是一种更微妙、更普遍的判断标准。正是在欧洲,文化演化的临界点隐藏在史前时期的黑暗之中,刚刚阐明的语言原则才最容易适用……那么,至少在史前史这个不大的领域,希望这两个学科——语文学和考古学——之间的合作能够有助于解决某些问题,而这些问题恰恰是任何一门科学都无法单独解决的。(1926a,4—5)

然而,文中的主要论点显然是语文学的,考古学的作用是补充和澄清个别观点。对柴尔德来说,欧洲进步的线索在于我们祖先所说的印欧语。他不仅认为这些语言是极好的思想载体,而且还强调它们反映了印欧人智力的高度发展。

> 印欧语系及其假定的母语一直是异常微妙和灵活的思维工具。例如,它们几乎是独一无二的,拥有一个实质性动词和至少 18

一个构建从属从句的基本机制,这些从句可以在推理链中表达概念关系。由此可见,雅利安人即便没有享受发达的物质文化,也一定被赋予了非凡的精神天赋。这不仅是凭空推理。抽象自然科学的第一次巨大进步是由雅利安希腊人和印度人取得的,而不是由巴比伦人或埃及人取得的,这并不是偶然的,尽管他们拥有巨大的物质资源,并且在天文观测等技术方面取得了惊人的进步。在宗教的道德化方面,雅利安人也发挥了突出的作用。第一个向所有人发出呼吁的伟大世界宗教——不分种族或国籍——佛教和琐罗亚斯德教(Zoroastrianism),是雅利安人创立的,用雅利安语传播。雅利安语的潜力也不仅仅是智力上的。雅利安独特的诗歌将固定的格律结构与悦耳动听的词汇相结合以体现美好的思想。(1926a,4—5)

在评价他所认为的雅利安人对世界进步的积极贡献时,柴尔德认为,正是在欧洲大陆,他们作为"西方文明的创始人"的作用最为明显(1926a,209,210)。在这里,就像在《曙光》中一样,他将雅利安人的成就与巨石建筑者的成就进行了对比,并认为后者"毫无进步的痕迹"(1926a,210)。

似乎这些人完全沉浸在对死者的崇拜中,似乎迷信的仪式垄断并瘫痪了他们所有的活动。工业完全停滞不前,要找到与他们文化的相似之处,我们只须去太平洋岛屿看看,那里可能也受过类似的影响。(1926a,210)

在英国,他把进步的源头追溯到来自战斧文化的入侵者,认为他们是雅利安人。

入侵者的圆坟(round barrows)上丰富多样的家具与原先的长坟上单调贫乏的墓葬品形成了鲜明的对比。我们现在知道持战斧的人与雅利安人混杂在一起,从此统治英国的真正的西方文明显然是由他们推动的。(1926a,210)

19

同样在斯堪的纳维亚,他将具有创造力的文化的兴起主要归功于雅利安人的影响。

斯堪的纳维亚与法国和伊比利亚半岛间的差别甚至更为根本。在这里,人们也建造了巨石坟墓,但他们的家具与在更远的西部发现的东西完全不同。除了巨石坟墓之外,这里还埋葬着一个民族,我们认为,这个民族,无论是来自南俄罗斯还是前石棚墓文化的一部分,是雅利安人。正是他们推动了北方巨石文化的更高发展。两种文明的相互作用是快速进步的主要动力。最终分裂被克服了;雅利安人用他们的权威和文化——一种在某种程度上借来的文化(如果你愿意这样称的话)——统一了整个地区,将不同的种族群体和散居的氏族融合成了一个民族统一体,让西方和东方的思想融汇于同一个欧洲文明当中。他们唤起了一个进步的社会,这个社会在贸易方面取得的成就不亚于战争。在前二千纪开始时,法国和斯堪的纳维亚文化之间的鸿沟是巨大的。前者的优越性是衡量雅利安人对欧洲文明贡献的尺度。(1926a,210,211)

在多瑙河流域,虽然柴尔德没有将雅利安人的最初出现与文化标准的迅速提高联系起来,但他确实认为当地文化在之后的发展主要是由于他们的影响。

就在北欧入侵最持久的地方，我们发现了真正具有原创性的，可称为"欧洲的"青铜艺术和工业。我们认为正是雅利安人将农耕氏族社会变成了青铜时代和铁器时代的英雄部落，从而打开了通往独立性和个体性的道路。

正因如此，雅利安人所到之处，都推动着真正的进步，在欧洲，他们的扩张标志着我们大陆的史前史开始逐渐脱离非洲或太平洋而独立发展。（1926a，211）

在《曙光》中，柴尔德在欧洲的青铜时代找到了这股新生"力量"的"萌芽"，在他看来，这将最终发展成为现代文明。虽然他将这"萌芽"的出现归因于东西方文化融合，其中来自俄罗斯南部的战斧侵略者扮演了重要角色，但他并没有对这个角色的性质下定论。而《雅利安人》将这点解释得很清楚。战斧文化的影响不仅是因为传播了美索不达米亚文明的印记，而且因为他们拥有高度灵活和微妙的语言结构，而后者，根据柴尔德的说法，是文明进步的必要前提。

柴尔德谨慎地指出，他对进步的解释不是种族主义的，而是语言学的。

雅利安人究竟是如何做到这一切的？这并不是因为他们物质文化的优越性。我们也不认为雅利安人的天才来自北欧人头骨的特殊构造。我们更愿意相信，当雅利安人的天才在希腊和罗马找到真正的表达时，纯粹的北欧血统已经在地中海得到了最大程度的吸收，雅利安人带给被他们征服的民族的最深远的馈赠既不是更高的物质文化，也不是优越的体格，而是更优秀的语言及其带来的思维方式。（1926a，211—212）

但同时,他并不认为这与原始雅利安人的身体特征完全无关。

> 第一批雅利安人是北欧人这一事实并非不重要。这种血统的身体素质确实使他们能够凭借优越的力量优势征服更先进的民族,从而让他们的语言广为流传。这是日耳曼语文化学者赞美雅利安人背后的真相:北欧人在体格上的优势使他们适合成为一种高级语言的载体。(1926a,212)

在他后来的作品中,柴尔德再没有提到自己对青铜时代欧洲进步性的上述解释。确实,在二十世纪三四十年代,他选择否定欧洲史前史的进步性,因此有效地搁置了这个问题。

在《回顾》中,他将自己更加坚定的东方主义立场归因于他对西方主义观点的反感,因为后者为纳粹主义提供了意识形态支持(1958a,72)。虽然他此时没有评论他在雅利安人问题上的立场,但从他在三四十年代的著作中可以清楚地看出,他强烈反对用雅利安人的论点来为迫害"非雅利安种族"的暴行开脱。 21

直到五十年代中期,柴尔德才再次开始关注青铜时代欧洲的创新性。然而,这时候,他试图纯粹根据考古记录做出的社会学和历史学推论来解释这一现象,而没有提到已经声名狼藉的"雅利安人"。我将在本章后面讨论这一发展。首先,如果要充分理解他作为"集成者"的贡献,有必要考察他关于东方考古序列(Oriental sequences)的研究。

在二十世纪的前二十年,第一次东方考古发掘才刚刚开始,其成果只能从《古物杂志》(*Antiquaries Journal*)、《皇家亚洲学会杂志》(*The Journal of the Royal Asiatic Society*)或《伦敦新闻画报》(*The*

Illustrated London News）的简短报道中得知（1958a,71）。特别是,被遗
忘的印度河文明的发掘、乌尔（Ur）王陵的惊人发现,以及巴达里
（Badari）新石器时代定居点的发掘极大地扩展了十九世纪的古代东
方图景。

柴尔德在这方面的主要贡献是为东方文明发展的总体框架提供
了新的数据材料。在 1928 年出版的《远古东方》（*The Most Ancient
East*）一书中,他介绍了对埃及、美索不达米亚和印度文明崛起的考
察,从最早的农耕文明到大约公元前 3000 年。

关于埃及,他从由盖伊·布伦顿（Guy Brunton）和卡顿·汤普森
（Caton Thompson）主持的巴达里发掘说起。这是当时发现的最早的
新石器时代文化。随后他描述了第一个和第二个前王朝
（Predynastic）文化,最后讨论了王朝的崛起。关于美索不达米亚,他
对材料的分析主要围绕三个主题:第一洪积前文化（First Prediluvian
Culture）、第二洪积前文明（Second Prediluvian Civilisation）,以及前四
千纪末期的苏美尔文明,每个主题都代表不同的文化阶段。而在印
度,还不可能追溯印度河文明的发展,因此他只能就成熟期进行概括。

对上述每一个考察的区域,柴尔德关注的是:（1）对有关文化的
地理背景进行综述。（2）指出该文化所达到的社会经济水平。（3）概
述主要的考古类型,包括骨骼、陶瓷、象牙、燧石等。（4）试图阐明文
化的起源。

这些论述,像在《曙光》中一样,很大程度上凭借柴尔德的直觉,
没有遵循既定的方法论模式。因此,就上述四个主要问题的讨论没有
特定的顺序,例如,在任一区域中,起源问题被放在最先或最后（或最
先和最后）讨论;在对某物的详细描述中往往出现关于某些经济、社
会学或意识形态的重要推论。

在《远古东方》第一版的最后一章,柴尔德论述了东方和欧洲的

关系。尽管只有 16 页长，但就他思想的整体发展而言，这一章也许是书中最重要的部分。其中不仅包含了他主张东方发明优先的论点的精髓，还预示了他后来在农耕和冶金方面的许多研究。在这一章开头，柴尔德肯定了东方文明古老悠久。而这种肯定很快发展成东方文化优于欧洲文化的主张。

　　在前面的几页中，我试图想象出一幅公元前 3000 年以前的东方世界的图画。这幅图画的第一个显著特征是所研究地区古老的文明。到前四千纪结束时，阿拜多斯（Abydos）、乌尔或摩亨佐·达罗（Mohenjo Daro）的物质文化将与伯里克利时代的雅典或任何中世纪城镇相提并论。作为人类进步的划时代标志，冶金术在东方的出现比西方早了一千年，在前三千纪之前，除了克里特岛之外，欧洲没有一个地方明显使用金属。从前两千纪开始，冶金术在欧洲的普遍使用规模才与苏萨一期（Susa I）时期相当。以巴达里和法尤姆（Fayum）为代表的更高级的野蛮文化，按最保守的估计，一定是在前六千纪形成的。除克里特岛之外，整个欧洲找不出一个如此古老的农耕文化，除非在利托里纳海（Littorina Sea）岸边留下贝壳堆的那些令人厌恶的野蛮人也曾栽培一点大麦……

　　一旦传播论假设被接受，东方是所有重大发明的起源这一主张便是无可争议的。（1928，220，221）

从这一点出发，柴尔德继续试图通过参考东方文化传统的连续性，以及东方和欧洲之间的连续性来证明传播论假说成立。

　　但东方世界的基本连续性保证了这一假设是准确的。而联系东方文明的各个中心的线索同样将欧洲史前的野蛮部落联系在一起。

> 这种连续性不仅仅是一种抽象的同一性。生命的基础不仅仅是农耕和畜牧业,还有谷物的栽培,以及牛、羊和猪的饲养……
>
> 考古学为冶金传统的延续提供了有力的证据。在西奈半岛、高加索山脉、奥地利阿尔卑斯山、西班牙和英国康沃尔郡的古代矿井中,用来敲碎矿石的锤子都是由一块刻有凹槽的石头组成的,绑在棍子的叉上,并安装在凹槽中。最古老的工具和武器的共性仍然显而易见。(1928,221,225)

然而,柴尔德试图在不明确涉及断代问题的前提下确立他的东方主义立场,但并没有完全成功。如果没有史前欧洲的绝对时间尺度,重大发明的东方起源论和传播论假设都不能被完全接受。这在前一种情况下已经足够清楚,这显然是一个涉及时间比较的断代问题,但就后一种情况而言也是如此。在文化相似性可以被接受为传播的证据之前,它们需要按时间顺序进行测试,以显示时间和空间的连续性。

柴尔德从未认真考虑过在青铜时代之前欧洲文化是否有独立演化的可能,显然,他对这一阶段的讨论自始至终都采用传播论范式。这在他寻找主要的进步发源地的过程中体现得最为明显——标准传播论正是基于所有重大发明只发生一次并由此传播到世界其他地方这一假设。例如,柴尔德坚持认为,农耕的单一发源说"不仅仅是一个方法论假设"(1928,228),尽管当时他无法从考古记录中找到支持这一说法的证据。他继续写道:

> 如果说类似小麦和大麦这样的自然生长范围极有限的作

物,最初是在几个相互独立的不同地方开始被培育的,是非常荒谬的。就好像说"牛、羊和猪的驯化"发生过不止一次,也是不可思议的。所谓的"新石器时代文化"的共同特征太多了,因此我们无法否认其背后一定存在某种统一性。(1928, 228)

在《远古东方》中,他提出了农耕从东方传播的一系列原因。第一,他认为原始的农耕方法必将导致土壤枯竭,部落共同体则必须为寻找新土地而进行迁移。第二,某些共同体由于内部分歧而分裂出更小的共同体。第三,在荒年,食物采集转变为农耕生产。

同时,柴尔德还概述了他关于文明传播的论点。他认为传播是东方对原材料需求所必需的,尤其是对青铜工业,他认为这给原材料供给地区带来了文化的刺激及匠人的迁徙。在接下来的几年里,柴尔德将更深入地探讨冶金的经济与社会学意义,也从而引出了关于文明传播中所涉及的传播机制的更详细的分析。

第一步是1930年出版的《青铜时代》(*The Bronze Age*),这部作品和《曙光》一样,是欧洲史前史考古的集成之作。但《青铜时代》考察的领域更为有限,仅包括西欧和阿尔卑斯山以北的中欧的青铜时代;研究范式也不同,除了对文化分组的一般概述之外,还包含专门用于青铜时代类型学的大量描述性章节。

书的第一章以理论探讨为主,柴尔德介绍了冶金的经济和社会学含义的两个要点。首先,他认为冶金过程的有效运作涉及专业化分工,从而将社群的某些成员从食物采集中解放出来。其次,假设青铜(与奢侈品相反)是第一种不可或缺的交换物,那么新石器时代的自给自足的生产方式就不再适用,而被淘汰。

这部作品预示着柴尔德对欧洲史前史态度的重大转变。他曾经强调受东方影响下的文化对欧洲史前史发展起了积极作用,而此时他变得非常消极。

　　除爱琴海地区之外,我们找不到欧洲任何其他地方对我们研究的这个时期的物质文化发展起到关键贡献。

　　如果有人认为这种物质文化上的落后可以被欧洲的精神优越性所抵消,我们可以举克诺夫茨人(Knovíz)的食人盛宴和基维克(Kivik)墓碑上描绘的人类献祭作为反例。当然,青铜时代欧洲的墓葬显示了一夫一妻制的家庭和较高的女性地位。但毕竟,在东方妻妾成群的人也是极少数,而埃及的女王们同样被埋葬得足够隆重。何况,没人会愚蠢到认为斯堪的纳维亚的装饰艺术优于巴比伦或米诺斯。只要理智尚存就没人会把瑞典的石刻与埃及的浅浮雕相提并论,也不会把特隆赫姆太阳马车与公元前3000 年左右的苏美尔公牛青铜像相提并论。(1930a,238—239)

尽管如此,柴尔德仍然认为欧洲的青铜时代和现代文化之间有着直接的联系。只是此前他认为这种联系是显而易见的,而此时他描述得更加具体。

26　　现代文明的根基深深扎根在这片没有希望的土地上。我们可以推断出一些出现于青铜时代晚期的基本经济和社会结构,直到罗马时代仍存在于帝国的许多地方,并没有太大的改变。罗马统治时期的不列颠岛的房屋和田地与青铜时代晚期没有本质区别。毕竟,在伊特鲁里亚人(Etruscan)统治之前,罗马人自己的直系祖先只是像劳希茨(Lausitz)和阿尔卑斯山坡的居民那样的乌姆菲伊德人(Urnfield folk)。即使在不列颠群岛,许多纯青铜时代文化的元素也在随后的迁徙和入侵中保持不变,直到上世纪晚期。例如,某些已知的青铜时代不列颠岛的茅屋和脚犁如今仍在赫布里底群岛(Hebrides)上看得到。尽管经历了早期铁器时代和移民时期的动荡,人们倾向于相信青铜时代和现代人之间在血缘和传统上有相当大的连续性。(1930a,239)

随着他对青铜冶金的分析,柴尔德逐渐侧重于考古数据的经济学解释(1958a,71)。在二十世纪三四十年代,他探索并定义了这种方法。随着该领域大量的新发现,柴尔德不得不在1934年重写了《远古东方》。

由于意外的新发现,我不得不重写《远古东方》,我不仅阅读了考古报告,还访问了美索不达米亚和印度。我看到了三条大河流域的文字起源是如何与第一批纪念性坟墓和寺庙的建造,以及人口向常规城市的聚集同时发生的。事实上,在乌尔和埃雷克(Erech),我看到了乡村如何扩张为城镇,就像英国的乡村变为工业城镇一样。后一种变化就是我们熟悉的"工业革命"(industrial revolution)。从人口统计学的角度来看,古代东方文化的诞生也对应着一场革命——城市革命(urban revolution)。由于人口的增长,城市革命带来了农人之外的新的职业。这些人不会自己耕种或捕获食物。同时,农人这个职业本身也一定产生于一个更早的"革命"。从现有的数据来看,农耕被接受之后,人口的扩张必然会比上述类比更大,这足以被称为一次"新石器革命"(Neolithic Revolution)。因此,《远古东方新探》(*New Light on the Most Ancient East*,1934)一书,尽管偶尔会援引未经考证的信息,但总体上,呈现了一个真正的[史前]经济发展的历史图景。(1958a,71)

27

在最后一章——"传播机制"（The Mechanism of Diffusion），柴尔德将他对"城市革命"的新经济解释与他的东方主义假说结合在一起。他认为经济和社会进程，或城市化，加速了文明从东方向欧洲的传播。他特别提到三个主要过程：人口增长、贸易和战争。

> 像英国工业革命一样，新的谋生手段导致了无产阶级人口倍增。在这种情况下，人口的增长可能会超过劳动力的需求，继而导致向外移民。人口的扩张本身就会加速传播过程。
>
> 对原材料的新需求会更深刻地影响传播的速度和机制。埃及、苏美尔和印度河流域的城市正亟需大量的木材、石料和矿石，需要香料和宝石来装饰寺庙、坟墓和公共建筑，需要为工匠和士兵提供装备。新兴的工业化城市必须与第一次革命所创造的农耕共同体建立更密切的关系。（1934，284—285）

柴尔德认为，这些关系并不总是友好的，和平贸易之后往往是军事侵略。这反过来又引发了文明从东方向西方的迁移和传播。他认为米诺斯文明的起源与埃及王国统一时为逃离美尼斯而西迁的难民有关[2]。

直到 1936 年，在《人类创造自身》（*Man Makes Himself*）中，柴尔德才第一次完整地阐述他的新经济学思想，并在这里强调了马克思主义对他的影响。

28

2　原文为"In this context he described the origin of Minoan civilisation to refugees fleeing from Menes' conquest at the time of the unification of the Egyptian kingdom"。其中 describe 或为 ascribe 之误。

马克思认为经济条件、社会生产力和科学的应用是影响历史变革最重要的因素。在马克思主义的某些主张不断引发政治激情的同时,其现实主义史观正于远离党派政治的学术界中逐渐获得认可。对于普通大众和学者来说,历史正趋向于成为文化史,这足以让弗里克博士(Dr Frick)这样的法西斯主义者非常恼火。

这种历史观自然可以与史前史联系起来。考古学家收集、分类和比较我们祖先创造的工具和武器,考察他们建造的房屋、耕种的田地、吃的食物(或更确切地说,没吃的食物)。先人从事这些生产所用的器物和工具,为我们描绘了文字记录尚未出现时的经济体系中的种种特征。(1936a,7)

柴尔德将这一模型应用于古代东方的考古序列,认为这些序列记录了人类自从出现到建立文明国家的发展历程。在这个不断进步的过程中,人类逐渐增强了对非人的自然的控制。事实上,这本书的一个主要目的就是从科学的角度证明,在面临世界大战和经济萧条的情况下,进步的信念是正确的。有趣的是,马克思主义不仅为柴尔德提供了一个解释社会文化变革的模型,还为城市化开始后东方文明进程出现停滞提出了一种解释。至此,柴尔德主要关心的是解释欧洲的文化进步,而忽略了东方衰落这个同样重要的问题,这个问题对于全面理解历史的变迁至关重要。简言之,柴尔德认为,城市化开始所必需的剩余积累导致了社会的阶级分化,形成了由国王、祭司和官员组成的统治阶级以及由农人和体力劳动者组成的下层阶级。柴尔德认为这样的社会结构不利于进一步变革。

在柴尔德看来,阶级划分带来的一个重要后果是理论知识与实践知识的分离。他认为学者、国王、祭司等是上层阶级的成员,而工匠

29　　是实用知识的倡导者,却被归入下层阶级。因此,上层阶级的新知识
"常常被等级或迷信所束缚,并且脱离了能够实际产生结果的应用科
学"(1936a,262)。此外,他坚持认为,工匠一直是进步的先驱,而祭
司阶层抑制了工匠的进一步创造发明。

> 这样的统治者几乎没有鼓励发明的动机。许多革命性的进
> 展,例如,使用畜力、帆、金属,最初都是为"节约劳动力"(labour
> saving)而出现的。但是新的统治阶层能够从迷信的臣民和被俘
> 的士兵中得到近乎无限的劳动力储备;他们没有必要关心如何
> 节约劳动力。(1936a,261)

其结果是社会被巫术和迷信统治。而这阻碍了人类通过实际经验来
探索自然。

> 对巫术和宗教所暗示的虚幻希望和不切实际的捷径的追
> 求,让人类理解和掌控自然的道路更加艰难。巫术似乎比科学更
> 简单,就像严刑逼供比采集证据更容易一样。
> 巫术和宗教构成了社会组织和科学技术向上提升所需的脚
> 手架。遗憾的是,脚手架一再阻碍设计的实施,阻碍了整栋建筑
> 完成的进度。科学进步带来的城市革命,反而被迷信所消耗和利
> 用。(1936a,267—268)

这里应该指出,《人类创造自身》与柴尔德之前出版的全部著作
存在一个根本的区别。《曙光》《远古东方》和《史前多瑙河》首先是
考古教科书,在文化传播论的框架中容纳了相当详细的考古资料。然
而,《人类创造自身》本质上是一部讲述人类从狩猎采集到文明阶段

的社会演化史,以既有文本中呈现的考古学模式为基础,但没有拘泥于其中的详细讨论。

考古学家特里格认为,柴尔德的工作可以分为具体性研究(particularising)和整体性研究(generalising)两种类型(Trigger 1968, 533),而两者之间的差异构成了柴尔德工作方法当中的张力,但这些研究之间并不冲突。整体性研究的作品,包括《历史上发生过什么》(*What Happened in History*,1942)和《欧洲社会史前史》(*The Prehistory of European Society*,1958),用更具描述性的文本呈现对于考古数据的历史解释。此外,后者是针对专业考古学家和学生而作的,而前者是专门为大众读者设计的(1936a,vii;1958a,73)。这两种类型的研究在柴尔德对欧洲和东方史前史的整体考察当中相辅相成。

在柴尔德的学术生涯中,欧洲和近东的考古调查一直以前所未有的速度进行,柴尔德需要不停修改他的文本,以跟上新的信息。1939年,他觉得有必要再出版一版《曙光》。其中,他根据马克思主义的社会文化模型重新组织了他对文化群体的描述,从而在他的研究中引入了一个新的模式(1958a,72)。虽然这并没有改变这本书的整体框架,但的确首次为他对个别文化的描述提供了理论结构。然而,值得注意的是,尽管他采用了马克思主义的文化结构分析,但他并没有像他在《人类创造自身》中所做的那样,运用马克思关于社会文化变迁的理论。与同代的苏联考古学家不同,柴尔德很少强调独立演化是社会变革的重要影响因素。

承认独立演化在欧洲发生的可能性,可能会为西方论提供支持,到目前为止,西方论只不过是纳粹主义政策的伪科学辩护,而纳粹主义是柴尔德最为厌恶的信条。德国对考古证据的歪曲导致他得出结论:

或许我们正站在一个自由研究时代的尽头。我们大陆史前史的很大一部分被用来为政治教条服务。现在很难指望那里能产生任何可靠的对知识的贡献。(1939a, xviii)

31　　虽然此前柴尔德曾明确表示,他致力于平衡东方和西方在欧洲文化发展中的角色,但此时他对这个目标绝口不提。他不再认为古代欧洲人为现代文明的发展做出了任何积极的贡献,只关心捍卫和巩固东方论假说。这不是一项简单的任务,因为如前所述,如果没有独立的欧洲史前史断代,这两种理论都无法得到证实。东方主义者偏好短年表(short chronology),西方主义者则偏好长年表(long chronology),而两者都必须基于对东方和欧洲之间文化流动方向的预先假定。关于这一点,柴尔德写道:

　　长年表可能会让北欧当地的爱国主义者感到欣慰。以战斧文化和印欧人的身份,它把雅利安人的摇篮转移到波罗的海沿岸或日耳曼地区中部。由于这个原因,它正在成为德国法律所认可的教条——即使在科学上是可疑的。但是这个长年表和它的推论不是能够用某个具体的事实来反驳的,而需要根据一般概率做出的判断。(1939a, 327)

在这里,他提出了一个有趣的论述,他比较了基于长年表和短年表的史前模型和由基本传播原则推导出的假设分区模式。此前有人指出,传播论最重要的方法论假设之一是存在单一的创新和传播中心。一般认为,这个中心的影响随着距离的增加而减少,因此远离中心的文化被认为比靠近中心的文化地位低。在这种背景下,柴尔德设想了一个简单的模型,由遍布欧洲和地中海的一系列文化区组成,每个文化区根据其与东方的距离拥有不同的文化地位。对于青铜时代，柴尔德展示了基于长年表和短年表的史前史构想均与这种模型相一致。

　　从埃及、巴比伦和赫梯王国的大都市文明向外延伸，我们在地图Ⅳ中看到：

32

　　1）识字/有文字的希腊半岛和岛屿城市居民；

　　2）不识字/无文字的马其顿和西西里的市民；

　　3）定居在多瑙河流域中部，在西班牙东南部，也许在库班（Kuban）河畔的村民，至少有一个专门的青铜工业和正规的商业；

　　4）在多瑙河上游流域、日耳曼地区南部和中部、瑞士、英格兰以及俄罗斯南部的稳定性以及社会分化程度较低的聚居区；

　　5）斯堪的纳维亚南部、日耳曼地区北部和奥克尼（Orkney）地区自给自足的新石器时代社会；

　　6）在遥远的北方森林中，刚刚脱离野蛮状态的群体。

　　即使是采用长年表，即对第四期东方饰物采取最长的存续时段/尺度，这个情形不会有太大的变化。埃及、美索不达米亚（安纳托利亚除外）依然是文明中心，爱琴海文明，包括西西里，将在年表中下移。中欧、西班牙东南和不列颠将依然是青铜时代，而斯堪的纳维亚和奥克尼依然是新石器时代。但南俄将跌出年表。（1939a，326，327）

然而，对于之前的时代，柴尔德认为，只有采取短年表才能符合从传播论前提推导出的模型。

对于更早的时期,若采用长年表,结果便不那么令人满意。瓦尔达-莫拉瓦(Vardar-Morava)只能被解释为多瑙河文化向南传播的结果;战斧文化必须自发地从中欧或丹麦开始,然后遍及高加索、安纳托利亚和希腊。巨石墓的传播必须被逆转,这样米诺斯"都罗伊"蜂巢墓(Minoan tholoi)甚至埃及墓塔(Egyptian mastabas)就成了在野蛮的西方或北方创造的建筑形式的最终展现。我们在第一期只剩下新石器时代的西方人和多瑙河人,当然比同时代的亚洲的哈拉菲亚人(Halafians)和埃及的巴达里人(Badarians)早一两个段(stages),但不再与他们有共同的交叉断代的段。

我们的短年表为新石器时代保留了与史前青铜时代(在任何年表中)及自第二个铁器时代开始的历史时期相同的模型。

33 ……从埃及和美索不达米亚的有文字的城市中心周围,如地图Ⅰ所示;

1)克里特岛、安纳托利亚和希腊半岛的青铜时代城镇。

2)塞萨利、巴尔干半岛、西西里岛东南部和西班牙东南部定居的新石器时代村民。

3)多瑙河黄土地区及西欧(可能包括英格兰南部)自给自足的半游牧农人。

4)只在北欧平原和北部森林的食物采集者。(1939a,327,328)

柴尔德的论点纵然相当巧妙,却难以令人信服。使用未经证实的区域假说作为接受或拒绝过去特定模式的标准,严格来说是不科学的。

三年后,柴尔德出版了他的第二部通俗作品《历史上发生过什么》(1942),在这部作品中,他追溯了人类从狩猎采集阶段到罗马帝国末期的进步历程。这本书写作于第二次世界大战的第三年,柴尔德对欧洲文明的未来发展十分悲观,认为欧洲即将进入一个新的"黑暗时代"(Dark Age)。然而他并没有因此动摇对进步的信念。这本书涵盖了巨大的地理和时间跨度,原因之一就是要为思考这样一个"黑暗时代"提供历史的视角。

> 《历史上发生过什么》(1942)……对考古学的真正贡献在于,作为一本通俗读物,深入浅出地向普通读者展示了,历史可以从考古数据中推演出来。我写作本书是为了说服自己,黑暗时代不是一个将吞噬一切文化传统的无底深渊。(当时我确信,欧洲文明,不论是资本主义还是斯大林主义,都不可逆转地走向黑暗时代。)因此写作这本书时我比往常更有激情,也对自己的文笔更为在意。(1958a,73)

然而柴尔德只关注那些他所谓的"主流"文化,即那些在他看来对人类文化资本做出重大贡献的文化。他的论述聚焦于这些主流文化的发展历程,它们发源于埃及和美索不达米亚,合流于希腊和地中海,随着罗马帝国的衰落而终止,并且他也提到了随后从中世纪的封建制度到现代资本主义经济的过程(1942a,31,32)。因此,正如丹尼尔所指出的,柴尔德的"主流"与十九世纪历史学家提出的经典历史模式没有什么不同。

> 这是古典时期希腊和罗马的源流,更远可以追溯到巴勒斯坦、巴比伦和埃及。对柴尔德来说,文明的起源,也就是历史的起源,发生在他称之为"远古的东方",也就是詹姆斯·亨利·布雷斯特德(James Henry Breasted)称为"肥沃的新月"(Fertile

Crescent)的地方。（Daniel 1975，343）

然而,这显然与他在早期作品中提出的模式完全不同。在《雅利安人》中,他非常强调史前印欧语系的欧洲人对现代文明的贡献。正如在《曙光》第一版和《青铜时代》中一样,他指出欧洲青铜时代和现代文明之间的密切联系,认为前者是后者的真正基础。因此,柴尔德尤其侧重在主流类比的背景下思考欧洲青铜时代的地位。

在此之前,柴尔德认为青铜工具和武器在北欧和中欧的迅速发展构成了欧洲史前史最显著和进步的特征。但此时,他从马克思主义的角度入手,认为欧洲青铜工业的出现并没有解决他提出的新石器时代经济的基本矛盾。柴尔德坚持认为,由于新石器时代农人低效的耕作技术,导致了土地短缺及对土地的竞争,随即带来了对改良武器的渴望。在某些地方,统治阶级随之出现,他们从被征服的农人身上榨取剩余的钱来购买青铜。因此,新工业适应了武士贵族的需求,金属主要用于军事环境,而不是农耕或制造业。因此,根据柴尔德的说法:

35

> 新的青铜工业既没有吸收任何可观比例的农村剩余人口,也没有为他们提供装备去征服处女地。因此,土地上的压力没有减轻。此外,至少在丹麦和英格兰南部,昂贵的青铜武器只是巩固了统治集团的权威,就像中世纪的骑士盔甲一样。在这里,青铜时代的墓葬揭示了"一个贵族世界","在有组织的奢侈品贸易和下层阶级劳动的基础上,上层阶级的生活得到了高度发展"。（1942a，157，158）

此外,他没有提到雅利安人对主流传统可能做出的任何贡献。事实上,在这个时候,他认为无论是从考古角度还是从种族类型来看,都无法识别其族源(parent group)(1942a,150)。在这里,他强调"雅利安人"一词应该在语言学意义上使用,仅指印欧语系的亚洲分支。在这种语境下,他完全否定了纳粹对这个词的使用。"在纳粹和反犹分子口中,'雅利安人'就像顽固保守的托利党人口中的'布尔什维克'(Bolshie)和'赤色分子'(Red)这两个词,没有什么真正的意义。"(1942a,150)

尽管柴尔德将自己观点的改变表达得比较含蓄,但其背后的原因不难推断。在二战的第三年,他看到了轻率支持纳粹主义意识形态信念的后果。对纳粹主义的厌恶导致他拒绝任何形式的西方论(1958a,72)。

在《历史上发生过什么》和《人类创造自身》中,柴尔德明确采用马克思主义理论对考古资料进行阐释,因为他强调了社会的经济基础在影响社会学和意识形态上层建筑中的重要作用。然而,在1939年版的《曙光》中,柴尔德同时采用了马克思主义分析,并巩固了他的东方传播论。当时,正统的苏联路线是坚定的演化论,这对于一个马克思主义者来说是一个相当矛盾的立场。即便是在最公开的马克思主义阶段,柴尔德也从未跟随苏联的立场,放弃将传播视为一种变革机制。三年后,在一次关于"欧洲考古学的问题和前景"的会议上,他明确表示,他认为苏联的方法是对帝国主义意识形态的反应,而不是对恩格斯或马克思著作的理解(1945d,6)。

然而,由于战争年代与苏联的密切接触,柴尔德确实变得更加同情苏联对文化变革的看法。他的这种转变也许在战后出版的两部作品中体现得最为明显,即《苏格兰人之前的苏格兰》(*Scotland Before the Scots*,1946)和第四版《曙光》(1947)。在这两部作品中,柴尔德都没有改变他的基本传播论立场,但都表现出愿意承认文化变迁的替

36

代理论可能存在。

在欧洲大陆,柴尔德观点的主要变化是关于战斧文化。此前,他认为这些文化间的相似性是好战的游牧者从俄罗斯南部通过中欧向日耳曼地区西北部迁移和入侵的结果。而此时,他更加接受社会内部发展作为文化变迁的主要因素,也更能理解苏联关于战斧文化的解读,即使不能完全接受。与西方提出的移民-入侵论相反,苏联考古学家强调欧洲社会发展中的文化连续性,说明了多瑙河二期(Danubian II)甚至中石器时代狩猎采集者中战斧文化的先例。在这种情况下,他们认为战斧文化不同群体之间存在的相似性可能是在高度流动的牧民群体之间的正常交往中传播的。虽然柴尔德对这一观点印象深刻,但他并不认为战斧文化的发展可以完全不借助外部影响来解释。

> 与移民主义的解释相比,苏联的解释不存在过多的不可论证的假设。但克里切夫斯基(Krichevsky)主张,战斧文化起源于多瑙河和黑土地农人文化,是纯粹内部社会发展的结果,是有问题的。

> 如果不参考外部刺激,很难理解这一发展。在丹麦、瑞典或俄罗斯中部,没有一个靠自己的狩猎渔民能够开始饲养绵羊或栽培谷物,因为那里没有野生绵羊或谷物。石制战斧源于鹿角斧,与其说是直接的,更可能是经历了金属战斧过渡。食品生产和金属都在大多数战斧地区被引入。但是引入不一定意味着迁移,而只是传播。(1947a,174,175),

除了这些修改,1947年版的《曙光》非常类似于1939年版,提出了相同的支持东方论立场的论断。

从二十世纪四十年代末到五十年代初,柴尔德秉持了这种东方论立场。他在 1950 年出版的《史前移民》(*Prehistoric Migrations*)和在由巴克(Barker)、克拉克(Clark)和沃谢(Vaucher)编著,1954 年出版的《欧洲遗产》(*The European Inheritance*)中的章节,都十分"老派地高估了东方重要性"(1958a,73)。而在五十年代中期,他却出乎意料地回到了过去的观点,强调欧洲青铜时代的进步性:

> 欧洲从来不是东方影响的被动接受者。欧洲人对东方发明所做的具有原创性的改良和发展,甚至超过了这些埃及和近东发明者的后代。温带欧洲青铜时代最为明显。在近东,青铜器型保持了近两千年不变,而在温带欧洲,只在四分之一的时间内,青铜工具和武器就发生了显著的改进和极大的丰富。(1957a,342—343)

在这种情况下,他重新强调:

> 即使在史前时代,欧洲的野蛮人社会也以明显的"欧洲"方式行事,这预示了,在过去一千年中,欧洲与亚、非社会的区别变得明显。(1958b,9)

然而,他对这种情况的分析与早期作品中所呈现的截然不同,在早期作品中,他认为雅利安人在欧洲青铜时代和现代文明的建立中都发挥了重要作用。

此时他则坚持:

> 解释当然必须是社会学的,而不是生物学的。科学与技术一

样,是社会而不是种族的创造;它的原则和结果是由社会传统,而非"血统"传递的。(1958b,9)

38　当然,柴尔德并没有对欧洲的进步提出一个"生物学"的解释。相反,他相当注意将自己的语文学假说和种族主义区分开来。尽管如此,他称雅利安人是"西方文明的缔造者",这似乎与德国人的观点没有太大不同。毫无疑问,正因为这与三十年代和四十年代初纳粹党的论调有接近之处,他全盘否定了这一论点。

因此,柴尔德回到他对欧洲青铜时代的最初看法,回到了他早在1930年就阐述过的对青铜时代的经济解释。柴尔德认为青铜加工需要全职的专业化劳动,从而将某些社会成员从获取食物的过程中解放出来。他强调,这只能通过积累过剩的粮食供应来实现。在《人类创造自身》和《历史上发生过什么》中,他展示了在东方,这种过剩是如何集中在神圣王权及贵族阶级手中的。但他认为尽管这种社会结构对新经济的产生至关重要,这阻碍了技术的继续进步。

在《欧洲社会史前史》(1958)中,柴尔德提出了这一主张的关键论点。如前所述,他强调随着社会的阶级划分,工匠不仅沦为下层阶级,而且在食物和原材料方面完全依赖国家供给(1958b,93)。他认为,这不仅让工匠们失去了决策责任,还丧失了一个省力工具的市场,以及任何刺激创新发明的动力。

> 一个史前工匠应该不用太费心思就能说服他的同行或头领接受金属武器或工具的优越性。而要说服一个神圣国王是完全另一回事,因为后者的战功被纪念碑极度地夸大了,而舞文弄墨的文臣对锯子或镰刀不感兴趣。与此同时,农人被彻底剥夺了剩余粮食,因此失去了购买金属工具的能力。(1958b,95)

同样,他强调阶级划分具有重要的意识形态后果,不仅导致理论 39
知识与实践知识的分离,而且导致实践知识的贬值。

> 最后,工匠被贬为下层阶级,无法识字,而埃及和苏美尔文臣
> 的抽象科学也与矿工、冶炼工、铁匠和陶工的应用科学区分开来。
> 因此,工艺知识不能通过文字,而只能通过言传身教来传承。正
> 因为这个原因,(实践知识)仍然是具体的和经验性的,而抽象的
> 科学无法从实践经验中受益。(1958b,96)

一个由神圣国王或宗教领袖控制的社会很少强调"习俗"(custom),
即"社会的集体经验、祖祖辈辈收集并检验的智慧、某个时代的科学"
(1958b,93,94)。这被"社会之外的神强加给社会的法律法规"所取
代(1958b,94)。因此,根据柴尔德的说法,社会是由精英统治的,他
们对世界的了解并不是通过实践获得的,因此在他看来价值有限。他
认为,正是巫术和宗教相对于应用科学的这种优势阻碍了技术进步。

柴尔德认为,青铜时代的经济以不同的方式出现在欧洲,因此产
生了不同的结果。早在1925年,他就认为爱琴海的各民族是第一批
受到东方文明发展影响的欧洲人,他认为从东方的传播是战争、贸易、
移民等一系列过程的结果。那时,他只是强调了爱琴海文化的进步性
和不同于东方的独特欧洲"气质"(spirit),但没有对此做出任何解释
(1925a,29)。而在《欧洲社会史前史》中,他提出了一个论点来支持
这个观点。和之前一样,他设想古埃及和美索不达米亚的工匠曾经
迁徙:

> 让我们承认,来自更古老的文明中心的探索者发现了矿石
> 和其他原材料的矿脉,它们的价值首先在近东得到了重视。让我

40　　们也承认,铜匠、金匠和其他工匠已经移民到爱琴海沿岸。在这两种情况下,他们都不是受命于某个国家或牟利机构才前往的。这些探索者会来,无疑是因为他们在埃及和美索不达米亚时就确信这里一定会有市场。(1958b,111)

这里,他对该地区城市化兴起的经济和社会学背景提出了全新的理解。他认为,由于爱琴海的各民族可以通过使用他们的原材料,以及武力、突袭和海盗等方式来利用东方的剩余资源,他们无须屈服于东方文明压抑的社会结构就能够发展青铜工业。

希腊和克里特岛的城市革命没有建立一个能够限制个人自由流动的单一国家,而是创造了许多事实上独立的小王国,每一个都富有到足以成为慷慨的赞助人。(1958b, 157)

因此,对柴尔德来说,爱琴海新经济的出现并没有造成经济鸿沟,将社会分成不可逆转的对立阶级。尽管有一些证据表明贫富分化存在,但财富似乎分布得相对均匀。从发掘出的随葬器物来看,相当大一部分属于一个较庞大的中产阶级市民(1958b,161)。此外,柴尔德将爱琴海工匠置于这一阶层,他们的地位与东方工匠形成对比。最后,他认为东方市场不利于变革,而爱琴海的商业体系恰恰相反。

早期的爱琴海工匠为国际市场而生产,而不仅仅是为了满足单一社会的传统品味和习惯。每个社区发展的工作方式都有所不同。工匠应该根据当地需求的变化来调整自己的技术和产量。因此,他不仅要保持技术能力的固定标准,而且要引进创新,这些创新带来的效率和美感能够吸引有鉴别力的买家。(1958b,113)

然而,尽管存在这些进步因素,爱琴海文明还是跟东方文明一样经历了衰落并最终崩溃。在柴尔德看来,

> 太多的资本被浪费在了王朝斗争中,最典型的例子就是传说中的特洛伊战争。蛮族部落,有些是被迈锡尼人剥削和训练的,在消灭了赫梯文明和蹂躏了黎凡特(Levant)的城市之后,最终摧毁了内部矛盾重重、腐朽不堪的迈锡尼文明。传奇的多利安入侵(Dorian Invasion)最终使爱琴世界陷入黑暗时代。(1958b,161)

正如伦福儒(Renfrew 1973,99)指出的,柴尔德关于中欧青铜时代起源和爱琴海文明起源的论述基本一致。他认为东方探索者在爱琴海建立青铜业,也推断出爱琴海地区为欧洲带来了冶金的发展。正如他强调爱琴海最初对东方文明的依赖,同样,他也强调欧洲大陆受益于米诺斯-迈锡尼文明。

> 爱琴海的经济剩余为温带欧洲出现青铜工业奠定了基础,在这里,爱琴海的传统工艺可以自由运作。这样的商业体系是为供应爱琴海市场而产生的:正是米诺斯-迈锡尼文明积累的资源保证了商人的生计,也补偿了他们四处奔波的艰辛。青铜时代早期,一个根植于爱琴海市场的金属制品分配系统将意大利半岛、中欧、西波罗的海沿岸地区和不列颠群岛统一起来。(1958b,161—166)

尽管柴尔德推断出欧洲存在经济上的统一,但这并不意味着任何政治或文化上统一。相反,他非常强调当时欧洲社会的多样性和差

异性。他认为当时欧洲的混合农耕经济中,存在多种多样的种族群
体。虽然在大多数文化中,他并不认为政治和经济权力集中于首领或
神灵,但在少数情况下,如威塞克斯(Wessex),存在富裕的贵族阶级。
他认为只有少数社会才拥有能够供养冶金工匠所需的经济剩余。因
此,柴尔德推断,这些匠人被迫脱离了部落社会的亲属结构。尽管这
可能给他们带来一定危险,却也给了他们爱琴海和东方国家都没有
的自由。

> 无论如何,尽管困难重重,欧洲冶金工人是自由的。他们不
> 依附于任何一个保护者,甚至不依附于一个单一的部落社会。
> (1958b,169)

柴尔德认为,正因为冶金匠人拥有自由及市场,欧洲青铜冶炼得
以快速发展。

> 这样的市场让生产者的创造力得以充分激发。与此同时,他
> 们广泛游历行商,提高自己的本领。他们能在边境接触来自其他
> 社会的同行,彼此使用的矿石或金属不尽相同。他们会将外来的
> 产品与本地货进行比较。因此,欧洲青铜产业的这种特殊结构,
> 汇集了来自不同社会的生产经验和工艺传统。因此,欧洲的青铜
> 匠人确实表现出了非凡的创造力和独创性。(1958b,169,170)

柴尔德一如既往地推断欧洲青铜时代社会和现代西方文明之间
存在密切联系。

> 到公元前1500年,温带欧洲已经形成了一个独特的政治经

济结构,正如一千年前的爱琴海一样,而这在青铜时代其他地方却没有发生。笔者既没有空间也没有知识来详细展示这个青铜时代的体系是如何预示着古代、中世纪和现代欧洲政体的独特性。显然,上面概述的所有基本特征都在古典希腊社会再次出现。希腊化时代的君主制、罗马帝国的奴隶制和集权主义暂时改变了这个范式。但其余的荒蛮的欧洲则直接延续了刚刚描述的青铜时代。民族国家最终形成时,体量确实远大于青铜时代的部落,数量也少得多。但他们都表现出了政策和经济上的相互竞争。所有国家都越来越依赖超国家经济体系来获得原材料,并销售自己的产品。(1958b,172,173)

43

柴尔德提出,工匠们,即应用科学的倡导者,一直保留了他们在超国家经济中享有的行动自由。他补充说,

> 雅典的外邦人、中世纪的旅人和十九世纪的移民手工业工会会员都是上述行商匠人的直系后裔。而古典希腊的自然哲学家和诡辩家、中世纪巡游欧洲的学者,以及从伽利略、牛顿的时代到 1945 年的自然科学家也是如此,他们通过出版、通信和访问自由地交换信息和思想,不受政治边界的限制。(1958b,173)

凭借这种在部落或国家边界之外的自由,工匠及其"后代"得以不断增进他们对世界的了解,而不受社会结构的限制。这些在柴尔德看来,都是技术发明的必要前提,也解释了欧洲社会实现高速技术进步的原因。

从《回顾》中能看出,柴尔德对《欧洲社会史前史》的态度有些犹豫不定。虽然他知道自己论述的基础并不可靠,但仍然对自己的整体

方法怀有热情：

> 我承认我的整个论述可能被证明是错误的；我的解释可能
> 是没有根据的，年代学框架恐怕也站不住脚。但我认为我的研究
> 结果有发表的价值。有些人告诉我们"欧洲历史的真正序曲写
> 就于埃及、美索不达米亚和巴勒斯坦，而欧洲人那时仍然是目不
> 识丁的蛮族"。这本书是我对他们的最终回应。我认为这本书
> 比我所知道的任何作品都更能反映，我们所接受的历史如何能
> 从考古发现中推导出来。无论某些个别推论是否被接受，这本书
> 应该有助于确认考古学在历史学科中的地位。同时，它也阐明了
> 在我看来什么才叫作科学的历史研究。(1958a,74)

尽管柴尔德没有特别强调，但他总算为欧洲社会的创造力找到
了一种可能的解释，一种社会学的，而非种族主义的解释。如前所述，
虽然柴尔德从未提出过种族主义论点，但他最初强调雅利安人语言
和智力优越性与纳粹德国的种族主义学说非常接近。

当然，在《回顾》一文中，他并不想让读者再次关注他最初的语文
学观点。事实上，他甚至不愿意承认自己很早就关注欧洲青铜时代的
独特性，而宁愿表示这是自己一个相对较新的发现。

> 在 1954 年重写《远古东方新探》和 1956 年重写《欧洲文明
> 的曙光》时，我开始意识到 1940 年的霍克斯(Hawkes)是多么正
> 确，当时他在《欧洲史前基础》(*Prehistoric Foundations of Europe*)
> 一书中提出，到青铜时代，欧洲已经创造了一种独特的文化。而
> 我不仅察觉了这一点，还发现了原因。(1958a,74)

44

因此,柴尔德显然不愿意承认他早期的语文学观点,甚至不惜篡改自己的思想渊源和轨迹。他并非像《回顾》所声称的,自一开始就是个笃定的东方主义者,后来才实现了对欧洲史前史更平衡的认识。事实上,他最初曾试图整合东方主义传播论和欧洲文化独立演化论。在三十年代,他开始坚定地站在东方阵营,也推翻了先前的主张。因此,在五十年代,柴尔德对欧洲青铜时代创造性的认识并不是一种新认识,而是一种真正意义上的"再认识"。

值得注意的是,这个最终的认识其实是一种假说。关于青铜时代 45 冶金匠人的角色,皮戈特曾评论道:"这种技术解放只不过是一种假设,就其本质而言,不可能用考古学方法来记录。"(Piggott 1965,126)尽管我们或许不会如此限制考古推断,但柴尔德也的确没有从考古记录中找到任何证据来支持他对冶金匠人或他的"直系后代"在促进欧洲进步方面的观点。他也没有令人信服地证实他的论点,即欧洲青铜冶炼的发展只有在东方工匠移民和东方资本注入欧洲经济的情况下才有可能。因此,柴尔德对欧洲青铜时代及其与现代文明之间的关系提出了自己的社会经济分析,却无法在考古记录中加以验证。

当然,柴尔德在今天受到质疑的不仅仅是他对欧洲青铜时代的解释,还包括他对欧洲史前史结构中的某些基本联系的论述,以及他更为核心的传播论假设(Renfrew 1973)。随着对史前欧洲的放射性碳定年的树轮校准,一种新的范式正在出现,并揭示出许多欧洲文化其实在时间上先于过去人们认为的它们在东地中海的母文化。伦福儒划出了一条"断层线"(fault line),从此切断了欧洲和东方之间的年代学和文化联系。自此,柴尔德的框架崩溃了。正如伦福儒强调的,欧洲史前史将不得不重写,而这项任务需要更多学者多年的努力(Renfrew 1973,19)。

02 文化的概念

考古学作为一门相对较新的学科,有许多词汇和概念并非考古学自身产生的,而是借自其他学科。在原学科中,这些词汇往往有着完全不同的指称,例如,"世"(epoch)、"时代"(age)、"标准化石"(type-fossil)。这些来自地质学的概念,用在考古学当中时,仍带有某些原本语境中的含义,但这些含义并不完全适合考古数据。由此产生的欧洲史前时间和空间模式,以及绝对时间和相对时间的混淆是众所周知的。

文化(culture)是另一个或许不太明显的借用词,引自社会科学而非自然科学。尽管柴尔德曾明确给出了"文化"的考古学定义和用法,但这个概念从未完全从更广泛的人类学含义当中独立出来(1929,v,vi)。更需要注意,像"标准化石"和"世"这些词汇在地质学中有明确的定义,而"文化"并非如此,它自出现起就众说纷纭(Kroeber and Kluckholn 1952)。

从词根上说,"文化"这个词来自拉丁语动词 *colere*,意思是培育或照顾。尽管出自纯粹的农耕语境,从古代开始,"文化"一词就开始被用于思想、身体和神灵(Lewis and Short 1966,369)。在十六、十七世纪,这个词第一次在英语中使用,保留了培育的含义,但它也应用于头脑和身体(*Oxford English Dictionary* 1933,ii 1249)。到十九世纪初,出现了一个文化的引申概念(secondary concept),指对思想的培养,以

及品味与举止的优雅。克罗伯（Kroeber）和克拉克洪（Kluckholn）指
出,这也是"文明"（civilisation）一词较早的含义,而"文明"也是"文　　47
化"最近的近义词之一（Kroeber and Kluckholn 1952,11—18）。在十
九世纪的考古文献中,"文化"常常与"文明"混用,主要用于东方和爱
琴海地区,表示一个民族的一般生活方式,或者代表文明发展的一个
阶段（Daniel 1975,242—243）。

随着十九世纪下半叶达尔文主义对人文科学的影响,文化概念
中引入了三个新的理论维度。文化开始具体指通过社会——相对于
生物——演化的过程产生的种种现象,包括物质和非物质面向。文化
一词在这个意义上的第一次使用通常被认为是在人类学家泰勒（E.
B. Tylor）的《原始文化》（*Primitive Culture*,1871）中

> 广义的文化或文明是一个复杂的整体,包括知识、信仰、艺
> 术、道德、法律、习俗,以及人类作为社会成员获得的任何其他能
> 力和习惯。（Tylor 1871, 1）

这种文化观为二十世纪后来的许多定义提供了基础。这些定义多种
多样,不胜枚举（见 Kroeber and Kluckholn 1952；Harris 1968）,从广义
上讲,可分为两大类。首先,第一类将文化视为所有非生物的、习得的
（non-biologically acquired）特征,包括物质和非物质的;第二类将文化
的概念局限于精神或概念层面。根据第二种观点,物是文化产品,而
非文化本身。这种观点强调共有的思想、价值观和信仰,即"规范"
（norms）,宾福德（Binford 1972b,125）将其称为"规范学派"（normative
school）。

除这些整体性定义之外,"文化"也被广泛用于特定的组织单位,
即特定人类族群的外在特征。

　　将文化的概念引入考古学被普遍认为是该学科历史上的一个重大转折点（Daniel 1962, 16ff. ; *idem* 1975, 236—251）。有了这个新概念,考古学家能够超越过去的纯粹的地质学模型的局限——史前史的形态不但可以通过一系列纵向的时期（epoch）来划分,也可以同时具有横向坐标。换句话说,文化这个概念为物质遗存的分类和解释引入了新的空间面向。对于这个新概念的支持者来说,他们认为"文化"能够让我们更加接近考古发现背后的"人"。一个令人兴奋的崭新的史前史视野就此打开,不同的史前文化跨越时空相互编织复杂的文明形态,取代了此前所认为的一个个统一的时期。

　　因此,有趣的是,在二十世纪二十年代,这个新概念的倡导者并没有完全阐明从"时期"向"文化"范式的转变。正如特里格（Trigger 1978, 83）所指出的,克劳福德（Crawford 1921）和皮克（Peake 1922）都不认为有必要定义这个词。而伯基特（Burkitt 1923, 18）则用它来描述那些聚落规模超过"工业"（industry）又未及"文明"的考古遗存。柴尔德用"文化"作为他早期三部主要著作的分类基础,即《欧洲文明的曙光》（1925）、《雅利安人》（1926）和《远古东方》（1928）,但没有做任何关于文化定义的讨论。考虑到这一概念在当时的新颖性,这种缺乏定义的现象表明,当时的考古学尚没有如今的理论自觉。

　　事实上,直到1929年《史前多瑙河》序言中关于考古程序的简短陈述中,柴尔德才首次定义了"文化"一词,并将其应用范围限于物质层面,即作为考古遗存的分类单位。

　　我们发现某些类型的遗存,容器、工具、饰品、葬仪和房屋样式,反复共出。我们把这些混合在一起的相关遗存命名为"文化群"或"文化"。我们假定,这类混合物是今日所谓"民族"（people）[1]的物质表达。这类被研究的混合体,只有与某种特定类型的遗骸频繁而固定地结合在一起,我们才敢用"种族"（race）一词代替"民族"（people）。（1929,v,vi）

因此,他提出了一个文化概念的新用法,与目前的人类学用法有很大不同。后者接受了一种非生物的,或社会的传承理论,而柴尔德的用法纯粹是一种分类机制,用于整理考古数据。尽管他当时并没有承认。柴尔德后来明确表示,他的这个用法来自德国史前史学家,特别是他在雅利安语文学领域的主要对手古斯塔夫·科西纳。 49

正是 …… 在北欧,特别是日耳曼地区 …… 考古学家第一次清楚地看到,标准化石的组合不仅可以描述不同的时期,还可以描述同一时期内不同的民族或部落。是德国史前史学家第一次将这种标准化石的重复组合称为 Kulturen("文化")。在十九世纪末,从人文学科转向考古学的语文学家和日耳曼语文化学者古斯塔夫·科西纳做了如下界定:

"明确界定的考古文化区域在任何时候都与相当确定的民族或部落重合,文化区域（cultural regions）就是民族区域（ethnic regions）,文化群体（cultural groups）就是民族（peoples）。"（1956a,28）

---

1 柴尔德将"cultural region"（文化区域）与"ethnic region"（民族区域）对应,又将"culture"与"people"对应,故将"people"与"ethnic"统一译为"民族",与上下文中"种族群体"（racial group）的表述进行区分。

　　当柴尔德第一次阐述他的定义时,他做出了一个重要的假设,即考古学家的文化与"民族"一致,并且只有在骨骼同质的情况下才与"种族"一致。柴尔德并没有试图定义这两个词,但是从上下文来看,很明显他是在对比一个社会意义上的群体和一个生物学意义上的群体。这里应该指出的是,在当时,将种族一词限制在科学意义上是不寻常的。在二十世纪二三十年代,种族的用法极宽泛地涵盖社会经济、政治甚至宗教团体。这种含义上的延伸不仅反映了对生物和社会演化本质的普遍困惑,也反映了西欧种族主义的兴起。

　　三十年代初,柴尔德开始非常关注考古学、人类学和语文学理论如何被纳粹德国盗用以支持自己的种族主义政策。如前一章所述,他因此放弃了自己关于雅利安人进步性的论点,并否认欧洲青铜时代本身的进步性。与此同时,他也因此进一步研究了考古学和相关学科中的词汇,以辨析它们的含义并解释潜在的假设。在《史前欧洲的种族、民族和文化》(Races, Peoples and Cultures in Prehistoric Europe, 1933)中,柴尔德呼吁对种族一词进行严格的科学定义,即某个群体都具有可识别并测量的特性,且这些特性可以被继承。在这种情况下,他提出了在史前史当中进行种族分类所面临的困难。

　　　　对活人进行种族分类,通常根据身高、头型、鼻形、皮肤、眼睛和头发的颜色、头发的长度和质量等等。但是古代的人们只有骨架,而且通常是零碎的骨架,被保存下来。根据这样的材料,能够用来区分不同种族的特征相对较少。在实践中,只有头型,身材,在合适情况下鼻子的形状,是可依据的。而身材,目前已经证明,与其说是稳定的遗传因素,不如说是饮食问题。(1933b,195)

在此,他警告说,简单地将头型分为长颅型(dolichocephalic)和短颅型

（brachycephalic），即长头和圆头，实际上掩盖了史前种群的多样性，因此并没有太大价值。

对柴尔德来说，"民族"的显著特征是它是一个社会聚合（social grouping）。他当时并没有想根据一套固定的标准给民族一词下一个准确的定义，但显然认为它包括不同类型的社会群体（social groups），并用两个具体的例子说明了这一点，即英格兰人和犹太人。

> 英格兰民族包含了三个不同层次的史前入侵者，还有盎格鲁-撒克逊人、丹麦人、诺曼人、佛兰德人，以及更后来者。而他们的后裔如今不仅有着共同的语言和制度，还有不少物质文化中的怪癖，比如澡盆和抽水马桶。同样，犹太人也是一个民族。尽管他们生活在相对独立的社区，也存在近亲结婚，但并不都符合某个单一的体质类型；现在已经能够区分出三个不同的群体。因为共同的传统和语言，这些群体可以形成一个民族，而并非种族。（1933b，198，199）

由此，柴尔德认为一个"民族"代表一个单一的社会，尽管不一定对应某个单一的政治制度、语言单位，或某种共同的社会传统。与此同时，应该指出，他的犹太人的例子并非没有太强的政治含义。如果犹太人是一个社会群体，而不是一个种族群体，纳粹德国对他们采取的种族主义政策就应受到人道主义和理论上的抨击。

与《史前多瑙河》中一样，柴尔德将史前史学家笔下的"文化"定义为考古记录中发现的一组组相互关联的特征，而在《史前欧洲的种族、民族和文化》中，他进一步区分了其中"物质的"（material）和"精神的"（spiritual）组成部分。

　　史前考古学方面,特别是自一战以来,一直在研究"文化"的概念。这些研究发现,在某特定时期的给定连续区域中,一组组独特的特征,主要是物质文化(服装、武器、装饰品、住宅),但也包括许多精神特征,如墓葬仪式和艺术风格,倾向于联系在一起。这样一组组相关的特征就是考古学家所说的文化。(1933b,197,198;我强调的重点)

用"物质文化"(material culture)一词表示考古学意义上"文化"的一部分是不太确切的,因为根据柴尔德自己的定义,后者是"今天所谓的'民族'的物质性表达"(1929,vi)。他是在两种不同的意义上使用了"物质性"(material)这个词。

　　在《史前史有用吗?》(Is Prehistory Practical?,1933)一文中,柴尔德再次强调,需要对考古学及其相关学科中使用的词汇进行科学定义。这对他来说很重要,因为他非常担心某些他称为"假定的史前事实"(1933a,410)会被用来为德意志第三帝国的种族主义方案辩护。

　　在欧洲黑暗时代,(大众)对于某种由极少数人控制并解读的(宗教)启示的追求,给了压抑思想以正当性。然而,最晚近的对精神自由的打击,却是基于所谓的科学事实。这一次,其正当性的佐证完全公开——在博物馆,考古遗迹中——向每个观众开放,供他们考察、分析和比较。但是,如果没有充分的学术准备和训练,对这些文献的研究不会比研究恒星的轨迹或电子的运动更有价值。史前史学的个别分支只是对休斯顿·张伯伦和阿道夫·希特勒的政治理论所依据的数据进行客观和批判性的研究。但是为了进行这种系统的研究,史前史所包含的几门学科必须要详细地定义某些专业词汇,使之与日常生活,及其他相关学科中的用法区分开来。非专业人士或许会很表面地理解这些专业词汇的含义,但由此产生的混淆却有可能带来灾难性的后果。(1933a,410)

然而或许有些讽刺的是,尽管柴尔德一向主张对学术概念进行严格定义,反对语言歧义,他自己的学术语言却未见得足够清晰。他虽然明确在生物学层面定义"种族",拒绝将其任意地应用于语言、政治和宗教群体,却从未厘清自己对"文化"一词的用法。他曾在特定的考古学意义上将文化定义为考古记录中的遗迹和纪念碑。从表面上看,这纯粹是物质遗存的分类单位,并不能解释这些物质性特征之间的联系是社会性的,而非生物性的。然而,他对"文化"的定义正是建立在"后天习得"概念上的。

> 为抵御寒冷或天敌的攻击,其他动物不得不依靠基因遗传赋予它们皮毛或角。只有人类会生火,会制造衣服来保暖,制造武器来保护自己。这些东西——火、衣服、武器——是人类"文化"的一部分,但是身外之物,人类只是在出生后才获得它们,因此可以根据需要获得和丢弃。而对一只猫来说,皮毛和爪子是与生俱来的,不能随意舍弃。只有通过质的突变,更为完备的动物才会出现,作为自然选择过程的结果,这种动物可能在许多代之后成为一个新的种族甚至物种。(1933a,412)

除了接受非生物遗传理论之外,这种文化观不同于柴尔德早期的定义,因为它是一个整体的(holistic)概念,而不是一个部分的(partitive)概念,也就是说,它不是指一个特定的单位,而是指一类普遍的现象(即非生物遗传所得的特征)。然而,柴尔德并没有将"文化"的这种更广泛的含义,与他所定义的考古学意义上的"文化"概念区分开来。事实上,他似乎认为这隐含在后一个定义中,并据此将考古学研究单位(archaeological unit)和民族等同起来。

> 不论在史前还是今天,文化是独立于种族的,不是生物遗传的问题,而是社会传统的问题。
>
> 出于对以上事实的无知,或者因为不严谨而使用了带有生物学意味的"种族"一词来描述某种特殊文化为特征的史前族群,则无异于是像某些"种族优生论者"和他们的政治诠释者那样,把人当作家禽一样对待。如果我们用"民族"代替"种族"这个词,便可以更好地避免这种混淆。(1933a,417)

这里,柴尔德同时在两种完全不同的意义上使用"文化"一词,既没有明确区分它们各自的用法,也没有明确指出它们之间的关系。这种混淆出现在这样一篇明确探讨专业术语定义的文章[2]中,说明他的方法论当中存在严重的缺陷。这也表明他对概念定义的思考并不彻底,而是仅限于种族问题。正因为后者对他来说有着紧迫的现实意义,以至于他无暇关注其他专业术语上的问题。直到他学术生涯的后期,他才开始深入研究文化的各种含义。

1935 年,柴尔德在为"史前学会"(Prehistoric Society)发表的主席演讲《变化中的史前史研究方法与目的》(Changing Methods and Aims in Prehistory)[3]当中,提出了一种新的文化概念。在这里,他提出了一种对文化的功能性解释(functional interpretation),不将文化视作"死

2 　即《史前史有用吗?》。

3 　下文简称《方法与目的》。

去的化石或古董,而是一个活的功能性有机体"(1935c,10)。这是他
从当时的功能主义人类学理论中获得的启发。

> 对作为功能性有机体的人类社会的研究向考古学家揭示了
> 处理本学科材料的新方法。这也带来了对文化概念的正确定义
> 和解释。(1935c,3)

柴尔德一直与人类学的理论发展保持着密切联系,他认为人类　54
学与考古学一样,是关于人的研究,是考古学的姊妹学科(1946d)。
功能主义的最初兴起源于对演化论和传播论之争的回应。功能主义
者否定思辨性历史重构的价值,强调对现有社会开展研究,以高强度
的田野调查为主要工作方式。功能主义的文化分析中运用了自然结
构和社会结构之间的类比,这个类比至少可以追溯到霍布斯
(Hobbes),并由斯宾塞(Spencer)进行了最充分的阐述(Harris 1968,
526)。因此,功能主义者倾向于强调文化系统的统一性,并强调该系
统中不同组成部分之间的相互联系。

在英国,功能主义思想主要有两个流派,一个以拉德克利夫-布朗
(Radcliffe-Brown)为代表,另一个以马林诺夫斯基(Malinowski)为代
表。前者倾向于关注社会结构,而后者则研究社会的各个方面
(Harris 1968,514—567)。柴尔德承认从功能主义中借鉴了"适应"
(adaptation)的概念。但他的方法仍然与拉德克利夫-布朗或马林诺
夫斯基不同,他认为"物质文化"具有重要的适应潜力。

> 通过工具和耕地、器皿、棚屋地基,我们能了解一个族群在保
> 障食物和住所的日常事务中使用的装备;通过这些装备的制造
> 技术我们可以了解他们的科学,即为达到这些目的所积累的集

体经验。用生物学的语言来说,我们把物质文化看作是对环境的
适应。(1935c,10)

虽然柴尔德意识到"精神文化"(spiritual culture)或许能通过促进社
会凝聚力来帮助群体的生存,但他承认它也可能起到反作用。换句话
说,他认为不是每一种文化现象都需要适应性。

考古学研究并不应局限于物质文化,也要探究精神文化领
域。护身符、巨石墓、雕塑和花瓶上的图案没有明显的实际用途;
从唯物主义的立场来看,制造这些东西无法帮助人们获得更多
食物或繁育更多后代。尽管人们可能确实存在这种希望。而功
能主义人类学家会阐明,人类如何通过这些仪式和艺术促进团
结,消除焦虑,以促进群体的生存。但一个理性主义者又会指出
迷信是如何阻碍物质进步,甚至引发灾难的。(1935c,14)

这样一派颇具影响力的考古学家重申了功能主义学派的适应理论,
甚至将适应性视为他们的文化定义中的一个根本前提(Binford
1972b,127)。正如柴尔德指出的,适应在根本上是个生物学概念。在
后达尔文主义生物学理论框架内,适应被具体地定义为一种能够赋
予生物体繁殖优势的基因变化(genetic change)。这种适应,或有利
于变异,通过遗传在近亲繁殖的群体或物种中流行,因而被自然"选
择"。因此,生物学的适应可以用数值进行估测和分析。

在《方法与目的》一文中,柴尔德提出,可以根据这一严格的生物
学标准来思考"物质文化"的变迁。

动物身体器官的功能是保证物种的生存和繁衍。物质文化,

如这里所定义的,就是一个族群为了生存和发展而发明或掌握
的一系列工具和技能。一个物种能否生存,可以从多个层面衡量
其遗传天赋的生物学价值。同样的标准也应当适用于物质文化。
物质文化的进步应该使得族群发展得更为庞大。(1935c,11)

对柴尔德来说,以纯粹定量的方式衡量一物种是否"成功"的好
处在于,这种判断并不关乎价值(value-free),因此是"科学的"
(1936a,12ff.),按照这个标准,工业革命显然是成功的。

工业革命促进了相关物种的生存和繁殖。这些数字提供了
判断此类事件的客观标准。无论是过度强调新的生产体系带来
的科技成就的辉煌,还是随之而来的童工、压迫和贫民窟,都是不
恰当和无用的。(1936a,15,16)

56

有意思的是,即使在生物演化领域,柴尔德也从未能完全接受用
这种纯粹定量的方式定义"成功"。因为他不愿意将演化程度较低的
生物与人类这样的高等生物相提并论(1936a,13,14)

这表明柴尔德不愿意放弃"成功"一词在日常用语中所隐含的价
值内涵。同样,我们可以看到同样的问题,一个多义词可以被定义得
十分具体,但使用中又可能带有其他含义的色彩。如果"成功"和"进
步"(见第4章)这些充满价值内涵的词汇被赋予与日常用法截然不
同的含义,那么当不熟悉特定语境用法的人碰到时,就特别容易产生
误解。

此时,柴尔德强调,如果不考虑外部环境,对文化群体的描述是不
可能充分的,"要看到文化发挥作用,就必须重构它所适应的环境"
(1935c,10)。在这里,他主要从自然地理环境的角度来思考。后来

他意识到这个想法过于简单了。

> "适应"一词的使用尽管模糊,但因为已经足够广为人知,不会妨碍这个概念对我们有所启发。但是"环境"(environment)这个词的用法有没有那么模糊?(1949a,6)

在《知识的社会世界》(*Social Worlds of Knowledge*)(1949)中,他认为社会环境受其成员集体世界观的影响:

> 社会需要适应的环境是观念的世界,是集体性的表征(collective representations),不仅在范围和内容上不同,而且在结构上也不同。(1949a, 22)

他还曾提出,文化适应的环境包括文化的内部环境和外部环境。

57

> 内部社会环境对于文化适应比对生物适应更为重要。从我们的角度来看,一种新的发明,无论多么"高效",只有在满足社会认可的需求并符合整个文化模式的情况下,才能被社会采用。
>
> 同时,需要适应的环境包括其他社会。一项新发明或组织,无论能够多好地适应特定社会及其自然环境的需要,只有在能帮助该社会适应其邻邦的前提下,才能永久有益。(1951a,176)

有趣的是,在三十年代,柴尔德曾认为考古学意义上的文化是能在考古学记录中直接发现的事实。

> 文化并非经过哲学家阐释之后才进入考古学的先验范畴。文

化是观测到的事实。田野工作者需要在某一种类型的坟墓和聚居地中发现反复出现的,有关联性的工具、武器和装饰品,并与在另一种类型的坟墓和聚居地中发现的器物进行对比。(1935c,3)

然而,在他学术生涯的后期,他更加认识到文化分类中的主观因素。随着考古学家开始在原先认为的单一文化群体中区分出多种不同文化,他们认识到,自己实际上选择的是对于材料的认知模式。

从《方法与目的》(1935)中对文化的一般性讨论,到五十年代对文化概念的进一步分析,其间柴尔德对文化的看法只散见于关于其他主题的文本和简短段落中。例如,在他的两部畅销著作《人类创造自身》(1936)和《历史上发生过什么》(1942)的导论章节中,他对生物演化和文化演化之间的关系给予了相当大的关注,使用了广义人类学意义上的文化概念。然而,他只在后一部作品中明确讨论了考古学的文化概念。

考古学家不仅根据功能将研究对象分为刀、斧、房屋、墓穴等,而且还将每个类别继续细分为不同"类型"(type)。这几种刀或墓穴有大致相同的功能;它们之间的差异在于规定其制备和使用方法的社会传统的差异。在每一个功能类别中,考古学家都可以区分在考古时间中的某个给定时期和给定区域内同时出现的不同类型。在一个给定的区域内同时出现的全部能识别的类型被称为一种"文化"。(1942a,25,26)

这时,柴尔德对待考古学文化对应的社会学范畴比三十年代时更加谨慎。以前他认为社会学意义上的文化群体一定存在语言的统一,现在他警告说,情况未必如此。

试图准确地定义考古学文化概念所对应的社会群体，无疑是轻率的。由于语言在社会传统的形成和传播中是如此重要的载体，拥有某种独特"文化"的群体往往被认为会有一种独特的语言。然而，文化和语言并非绝对地对应。丹麦、英国、法国和德国之间物质文化上的差异与丹麦语、英语、法语和德语之间的差异相比就显得微不足道。（1942a,26,27）

和以前一样，他强调物质文化的适应价值，并再次强调生物类比。

人类在生理上不适应任何特定的环境。人类的适应性需要通过工具、衣服、房屋和其他外部设备来保证。…… 因此，物质文化在很大程度上是对环境的反应。（1942a,27,28）

在二战结束后的几年里，柴尔德在《苏格兰人之前的苏格兰》（1946）等作品中对文化概念的简要论述，呈现了他理论观点的前后连续性。

当史前史学家能够区分两个或两个以上的遗迹和纪念碑的组合，它们在空间上分布不一致，但属于同一个阶段或时期，那么这种同时（contemporary）或同期（systadial）的组合可被称为文化。史前史学家认为每种文化都代表一个独特的民族或社会；其家屋建筑、殡葬仪式、陶器式样或装饰风格的特点反映了构成每个群体精神统一的文化传统的差异。（1946a,2）

然而，到了四十年代后期，柴尔德对文化定义的态度又发生了变化，因为正如下面这段话所显示的，他开始质疑这个概念在表示一系列相关考古学特征的组合时是否合适。

> 在任何给定的考古时期,我们发现,往往在一个小的区域内,工具、武器、装饰品、房屋类型、丧葬仪式和其他考古特征的不同"组合"(assemblages)反复出现在一起。我们,有点不情愿地,称这些反复出现的"组合"为"文化"。我们假设每一个都代表了一个人类历史社会的经久不变的文化的一部分。我们的假设和古生物学家的假设一样有根据,古生物学家的假设是,化石代表了曾经有血有肉地存活过的有机体身上更为坚硬的部分。因此,考古学家同样试图为这些裸露的骨骼重新包裹血肉,将他们所谓的文化作为人类生活和功能组织的持久表达。(1949a,3,4;我强调的重点)

虽然柴尔德没有明确说明他改变态度的原因,但这很容易推断出来。到这个时候,文化的概念在整个社会科学中被广泛地用来表示习得的行为模式,包括人类社会的物质和非物质方面。考古学所特有的专家意识,将文化定义为物质遗存的分类单位,已经明显不同于主流的定义。如果不明确说明文化概念的考古学定义,或者将其与最广泛意义上的文化概念混用,就像柴尔德在自己的作品中所做的那样,则很可能会产生歧义。

到了1951年,柴尔德觉得有必要更详细地考察考古学与人类学的文化观之间的关系,在《社会演化》(*Social Evolution*)一书中,他用了整整一章来阐述这两种意义上的文化的含义。这是他第一次明确区分这两种用法。他认为考古学家对文化的定义与人类学家有程度上的不同。和以前一样,他将考古文化定义为"反复出现的一系列相关特征的组合"(an assemblage of associated traits that recur repeatedly)

60　（1951a,30）。现在他对这种说法进行了限定,"这些特征大部分是实物"（These traits are mostly material objects）（1951a,30）,这至少扩展了他先前的定义,暗示考古文化也包括除实物以外的东西。

他认为人类学意义上的文化,根本上是一个整体性概念,包括人类行为的全部方面,而不是天生的反射或本能。

> 文化是人通过后天培养,从人类社会,而非自然或亚人类环境（sub-human environment）中获得的一切。文化包括语言和逻辑、宗教和哲学、道德和法律,以及工具、衣服、房屋的制造和使用,甚至食物的选择。所有这些,人必须向社会中的同伴学习。儿童必须向父母和老人学习如何说话,如何处理自己的排泄物,吃什么,以及如何烹饪,等等。所有这些规则都属于集体传统,由人所出生的社会来积累和保存。（1951a,31,32）

除了这一整体层面之外,柴尔德还认识到了文化的具体层面,即特定群体的后天行为模式。正是在这个层面上,他将人类学与考古学的文化概念等同起来。

> 由于社会生活在不同的历史环境中,经历了不同的变迁,他们的传统也发生了分歧,因此民族志揭示了文化的多样性,就像考古学一样。（1951a,32）

在《社会演化》一书中,柴尔德认为,决定文化的社会传统表现在思想和行为习惯、制度和习俗中,所有这些本质上都是非物质的,只有在践行和保护这些传统的社会仍然存在和活跃的时候,这些传统才存在。虽然书写保留了语言和过去社会其他非物质方面的线索,但史前史学家并没有提到这一重要的材料来源。然而,对于柴尔德来说,这个问题似乎并没有乍看之下那么严重。

> 因为所有的文化都在行动中得到表达——行动发生在物质世界中。确实,只有通过行动,才能保持和传播文化;只存在于头脑中的信仰并不构成文化的一部分,对历史学或人类学来说也不存在。由文化决定和表达的一些行为在物质世界中产生了持久的变化。所有这些都属于考古学的范畴。正是这些人类行为提供了构成考古文化的材料。(1951a,33)

柴尔德因此强调,考古学对文化的了解并不局限于物质层面。

> 总之,考古记录绝不仅局限于生产工具和战争武器。在适当的条件下,我们可以学到很多关于生产方式和生产手段的知识。依据观察,我们可以估计第一产业、第二产业,以及贸易的作用,并有把握地推断出分工的程度和产品的分布。关于是否存在奴隶、妇女的地位和财产的继承,我们也能做出些猜测,甚至可以对意识形态上层建筑做出谨慎的假说。(1951a,34)

写作《社会演化》时,柴尔德已研究文化概念超过 25 年了,也深入地考察了相关的历史和哲学理论。因此,他对这一概念的局限性及潜力的理解愈发深刻。这点哪怕简单浏览一下本章也可以发现。以前他认为考古学家的文化是一种经验实体,能够在考古记录中发现,而现在他意识到数据分类中的主观因素。

> 文化和社会是抽象的。没有两种手工艺品是完全相同的。

> 每一个工匠家庭和这样一个家庭的每一个成员,都有自己各式
> 各样的风格。没有两个村庄能产生完全相同的遗迹和特征组合。
> 主观因素决定了在定义一种文化时应该忽略哪些特质。坦率地
> 说,很难说哪一个应该作为纯粹个体差异而被忽视,哪一个应该
> 作为区分文化的社会特征。(1951a,40)

至此,考古学家不得不直接面对这个问题,因为那些他们在三十
年代认为是统一整体的文化群体,现在被发现是由几个独立的群体
组成的,这完全取决于分类的标准。如前所述,当文化差异变得更加
精细时,在考古记录中发现的文化数量也相应增加。

> 德国和奥地利的考古学家一直忙于发现新的陶器风格,将
> 其作为新文化的象征,通常也是新文化的代名词。显然,这种细
> 分肯定是有限度的。在英国,直到 1928 年,史前史学家在他们的
> "早期青铜时代"中发现了一种单一的文化,考古学家一般称之
> 为"大口陶器"(Beaker),并将这种文化与一个特定的民族——
> "大口杯人"(Beaker-folk)——联系在一起。在 1948 年,至少有
> 四种不同的宽口陶器被区分出来,每种都对应一个不同的民族。
> (1951a,40,41)

然而,虽然柴尔德认识到文化的分类并不像他迄今为止假设的那样
客观,但他没有深入讨论这个问题,也没有强调这对整个考古分类的
巨大影响。这实际上是一个主观的问题,涉及考古学家和他所处理的
材料之间的关系。现在人们普遍认识到,从考古记录中发现的模式不
仅是由材料本身决定的,也是由考古学家的理论框架和分类方法决
定的。事实上,伦福儒最近提出,考古学对文化群体的记录在很大程

度上取决于考古学家采用的方法。

不难证明,考古学家可以从一段连续的变迁过程中推演出空间分布,正像推演出不同的文化实体一样。如果器物组合中的一致性和相似性被视为个体之间相互作用的结果,并且这种相互作用的强度随着距离的增加而均匀降低,那么每个点将与自己相邻最近的点最为相似。假设点 p 位于一个规律的平面上,周围均匀分布着其他点。特征 c 的相似性随着与 p 的距离 r 值增加而降低。同时,变量 A 和 B 随着沿 x 轴和 y 轴的距离在平面上均匀变化。如果首先在 p 点进行挖掘,考古学家将了解到相邻点会出土大致相似的发现,并称之为"p 文化"。逐渐地,p 文化的边界将通过进一步的研究建立起来,其标准是只包含那些与 p 达到一定相似度的点。由此,一种"文化"诞生了,以 p 为中心,典型遗址(type site),其界限是完全人为决定的(arbitrary),完全取决于相似性的阈值水平和最初偶然选择 p 作为参照点。(Renfrew 1978,94,95)

自三十年代起,柴尔德将思想拓展到又一新的领域,开始接受社会学对文化的定义。此时他认识到,文化不一定与某一个语言群体或单独的社会相对应。

不同文化组分的边界并不一定是重合的。考古学家需要依据物质文化——生产工具、交通工具、房屋设计、服饰和艺术风格——来界定不同的社会。如果按照这个标准,欧洲,北美和澳大利亚很容易被看作是一种文化,来自同一个社会。当然,这个相对统一的文化区也可以根据语言再继续区分,即使语言是文

化重要的一部分。而依据政治和经济,仍可以继续细分成更多不
同的"国家"(State),而很多社会学家会将国家等同于社会。与
此同时,每一个国家又可以细分成许多更小的社会,而且往往跨
越了政治的边界——比如教会、社团、经济阶层和同行业者等等。
这些团体都在同一个国家之中,但每个的着装、住房、饮食,甚至
语言都相差甚远。每个团体的物质文化都可能被考古学家认为
是一个单独的社会。(1951a,38)

因此,柴尔德对于考古学的文化概念对应于哪种类型的社会学
群体非常谨慎。

对于考古学家来说,单位或社会必须仍然从属于相同的文
化,即能够表达共同的传统。这样一个群体可能包括许多社区。
我们或许可以称这样一个群体中的一员为一个民族,但我们无
权去假定这个民族讲一种语言,或作为一个政治单位,更不能说
其成员在生理上一定是相关的,或属于一个动物学种族
(zoological race)。(1951a,40)

包括克拉克(Clarke 1968)和霍德(Hodder 1978)在内的最新研究
突出了物质文化和社会其他方面之间关系的复杂性。与此同时,他们
发现,人类学对"民族"(people)和"部落"(tribe)这两个词的定义非
常模糊,包含了一系列复杂程度相差很大的社会群体(Naroll 1964)。

有鉴于此,人类学家和考古学家都主张,考古学和人类学所定义
的社会群体之间是否存在确切的关联并不重要。根据不同的模式,社
会可以有许多不同的分类方式,根据所采用的方法,所选择的社会模
式也将不同。用克拉克的话说:

考古学意义上的"文化"描绘一个真实存在的实体,并记录真实的相互关联——这个实体并非等同于某个历史、政治、语言或种族实体,但这并不会影响其真实性或重要性。考古学所考察的实体反映的现实与其他学科分类体系下的种种现实同样重要;所有这些领域的实体都各不相同,但具有同样的真实性和人为因素。(Clarke 1968,364)

虽然柴尔德清楚地意识到,文化、语言和政治等面向不需要重合,但他并不像克拉克那样自信地断言,考古学"文化"所对应的社会实体,与其他社会划分存在差别但同样有效。实际上,他通过微妙地改变"民族"(people)这个词的用法规避了这个问题。以前,他把一种"文化"等同于一个"民族",无论这个"民族"的定义多么宽泛,基本上是人类学意义上的语言和社会单位。在《社会演化》中,虽然他仍然将"文化"和"民族"相等同,但对后者进行了重新定义,使其失去了先前的含义。事实上,如第 63 页的引文中提到的,"民族"现在只表示与考古文化-群体(culture-group)相对应的社会单位。因此,他所做的实际上是将"民族"从一个人类学的社会单位转变为考古学的社会单位。

柴尔德每隔一年,都会就"考古分类原则、当前术语和隐含的解释概念"(1956a,v)进行一系列讲座。这些讲座结集成书《重缀过去》(*Piecing Together the Past*,1956),这是他对考古学理论和方法最详细的陈述。同年,他出版了《考古学导论》(*A Short Introduction to Archaeology*),其中除了解释原始技术的基本原理和该领域发现的主要遗迹类型的章节外,还包括《重缀过去》中提出的理论论点的摘要。 65

在这两部作品中,柴尔德的分析都是基于他认为考古分类中的三个主要坐标,即功能(functional)坐标、年代(chronological)坐标和分布（chorological）坐标。柴尔德认为，这三个面向回答了"某物有什么用处""何时制作"和"由谁制作"三个问题（1956a，14—16；1956b，26—28）。这种三方坐标可能仍须扩展，因为"由谁制造"，其实是基于一个更基本的问题。严格来说，分布学（chorology）作为对考古现象的地理范围和界限的科学研究，回答的问题理应是"何处出土"或者"如何分布"。"由谁制造"这个问题颇为特殊，只有在确定了功能、年代和分布因素后才能回答。因此，柴尔德为何只关注三个基本坐标而不是四个，很耐人寻味。或许他认为制作者的问题与分布问题密切相关，不需要单独研究。

对柴尔德来说，文化在根本上是一个分布（空间）单位，而不是一个时间单位。他认为文化族群不能用来反映历史时段，反而自身必须按照时间顺序进行分类。在柴尔德的一生中，这一观点相当重要且关键。当时，史前欧洲年代学的关键在于基于地层学的文化序列，因此用不同文化族群的名称来表示考古遗存和纪念物的地理单位，以及相对的历史时期，即某特定文化的繁荣时期，是常规操作。

1935 年，柴尔德承认这种做法在一定程度上是方便的，但即使在那时，他也提出警告，一旦年代和文化分类之间产生丝毫混淆，这种做法就应当停止。此时，他建议，如果要表示一个历史时期，最好使用地质学或气候学词汇，或直接用年份和日期，以避免混淆。

二十年之后，在《重缀过去》一书中，他更加坚决地反对对一个时期和一种文化使用同一个名字的做法，认为这将造成"可怕的混乱"（1956a，95）。在这里，他试图将年代坐标和分布坐标区分开来，前者用数字系统命名，后者用文化来命名。

然而，柴尔德对这个方法并不完全满意，并对其实际应用表示了一些保留意见。首先，他指出，某些令人费解的文化名称可能会被同样令人费解的数字名称所取代。

　　不过,即使是在考古学工作开展较好的地区如不列颠岛、北欧和希腊,近年来一些意外发现也提醒我们,那些已经成型且为我们所熟知的文化分期,在时空方面也还可以细化。作为完善的一个可行的做法,是采用罗马数字代替已经公认的主要的时期,其下的分段和分组则可以采用字母和阿拉伯数字来指代,例如III B 1(甚至 III B 1 c,使用小写的字母表示进一步的分段)。(1956a,100)

其次,他强调,数字命名法只在有限的区域内有效;例如,在英国,尽管面积相对较小,却并没有一个系统可以适用于整个区域(1956a,101)。

　　柴尔德定义的考古学的文化是基于"考古类型"(archaeological type)的概念,他认为这是考古分类的最小单位。本质上,类型是一种抽象,是某些现象的一种归类。他强调说,考古学家对个别的器物并不感兴趣,而是对那些被社会接受和复制的物品感兴趣。的确,在柴尔德看来,正是这种复制构成了考古类型的本质。"类型可以被看作是为某些社会所接受、采纳和具体化了的众多个体的创造"(1956a,9)。因此,根据柴尔德的说法,史前史学家只把个体当作某个类别的一员,而忽略了他所说的"事实上能够区分每一个具体事物的特殊特性,无论是偶然的还是有意的"(1956a,6)。正因如此,考古学家的个人观点对如何决定选择哪些特征和排除哪些特征有着至关重要的作用。在《重缀过去》中,他再次提出了这个问题。

　　对于年代学分类和分布学分类来说,我们究竟应该如何界定考古类型? 没有两件手工制品是一模一样的。所有类型都是通过牺牲细小个体的背离这一过程提炼总结出来的。实践中考古学家们一直在做的,不是将日益抽象、宽泛的类型组合集合在一起,而是通过区分更多更加具体的类型,对此类分组进一步细分。这种区分做到什么程度才是对继续工作有利的?(1956a,124)

在这里,他认为不可能事先制定出超验的规则。虽然他就两个具体的例子给出了一些提示,但很大程度上他将问题留给了考古学家自己来解决。

当某些类型具有显著相关性,即可能存在于相同时期的情况下,文化就产生了。柴尔德强调,单纯的共存并不一定意味着关联,因为这也可能是偶然的结果。在这种情况下,他主张使用布雷德伍德(Braidwood)的词"聚合"(aggregate)。

当一组不同的类型被同时发现并且显现出是在同一时代被使用时,它们就被称为有共存关系(associated)。但如果仅仅是出土位置上的毗邻并不能保证这种共时性。有些石器也许会出自一条更新世河道上挖成的沙砾坑,而这个沙砾坑本身就是由那些来自河流甚至其支流冲击而来的杂乱无章的石片所组成的,这就不能保证沙砾坑中的石器是被同时制作出来且同时使用的,甚至不敢说它们属于同一个地质时期。其中有些或许是被河流从旧砾石前形成的岩层中冲刷进来,与那些后来被制作和使用的器物混在一起。布雷德伍德将这种偶然形成的聚集称作"聚合"。(1956a,31)

68　　柴尔德进一步规定,文化必须能表达人类行为的不同面向。例如,若某个重复出现的石器组合,从未在任何已知类型的居所或墓穴中发现,甚至不能与某些猎物的碎骨明显联系起来,他便称之为"工业"，而不是"文化"（1956a,33）。如果某些相互关联的文化被认为与共同的"源文化"（mother culture）存在"遗传"关系，正如柴尔德所认为的多瑙河文化，就构成了"文化圈"（culture cycle）。

> 存在遗传关系的相关文化所构成的整体，就是我提出的"文化圈"的最基本的形态。一个更客观的定义是：所有以同源的类型为特征的文化都属于同一个文化圈。如果我们称一种文化的地理范围为一个文化"区"（province），那我们称文化圈所占据的范围为一个文化"界"（spheres）。（1956a,142）

柴尔德接着提出，"类型""工业""文化"和"文化圈"构成了一个考古学等级结构，这个等级结构，由克拉克（Clarke 1968）在六十年代后期用"系统理论"（systems theory）进行合理化和解释。

在《重缀过去》中，就像在《社会演化》中一样，柴尔德提醒我们注意，考古学家在他们的数据中发现的文化群组越来越多，并且通常是根据相当合理的标准来界定的。这当然对他早期关于文化是观测事实的论点带来了重大打击。这意味着他不仅要更仔细地研究这些文化群组的性质，还要更详细地研究它们的区分方式。对柴尔德来说，这意味着必须对在地质学影响下出现的"标准化石"概念进行更深入地探究。在这里，他强调标准化石通常是由行为中非常不重要的方面构成的。

> 要区分两种不同的文化，最明显的差异、最实用的特征性器物，是由那些最浅显的、通常最微不足道的行为特质——与整个模式的联系明显最少的那些特征——所提供的。（1956a,113）

其他很多考古学类型同样能反映极其重要的文化行为,但因为出现在更广阔的时间和空间范围内,对于界定一种文化起不到太大作用。

69　虽然这些类型对于描述文化是必不可少的,却不适合区分它们(1956a,33)。为了确定标准化石是否能够作为区分不同文化的有效参照物,柴尔德认为,参考分布分析能在很大程度上克服主观因素。在这里,他认为,如果某种类型真的可以界定一种文化,它的分布应该围绕一个或多个可识别中心(foci)呈现出某种能够被理解的模式。

> 对于一个类型明确具有代表性的器物来说,标准的分布模式会呈现出被密集的出土点所包围起来的一个或几个中心。(1956a,116)

这一模型与柴氏在1939年版《曙光》中提出的模型形成了耐人寻味的对照。在《曙光》中,柴尔德倡导了一种类似的模式,以此来测试他对史前欧洲的短时断代。在这两种情况下,他都没有试图验证这种模型,甚至没有指出模型所依据的证据。然而,主要传播中心的存在和由此产生的传播模式是需要验证的假设,不能被视为公理。在这样一部明确致力于考古理论的作品中,柴尔德却没有意识到这一点,这也说明了他的方法论中的一个重要盲点,即他受传播论范式的影响过于深刻,以至于忽略了其假设前提这个基本事实。必须承认,柴尔德试图考量标准化石能否作为识别文化的标准,但并不成功。

需要注意的是,正是这种文化中心假说支撑了宾福德主张的对文化差异的"规范性"的解释方式。

> 规范学派用不同的"文化关系"(cultural relationships)来表达文化差异和相似性,如果严格对待,这些差异和相似性可以归

结为一个通用的解释模型。这种模式基于一个"文化中心"的假设,在这个文化中心,由于某些原因,创新程度超过了周围地区。新文化由此从中心向外传播,并与周围的文化融合,直到消散在边缘,留下更为边缘的文化。(Binford 1972b,126)

柴尔德强调,一种文化不应由某单一类型来界定,而应该借助于多个明确定义的类型来判断,以避免使某些文化群体过于宽泛。然而,尽管他承认文化的定义中包含了定量因素,但他认为"统计学在 70 这门学科中的用途有限"。

> 我们说一个文化的标志性器物类型"通常地"肯定会被发现与其他标志性器物类型相关联或共存。而且,"通常地"大致可以理解为"n 次",不过这里的"n"不必非得是一个精确的数字值。雕刻石球曾被发现与林约(Rinyo)文化特有的器物类型存在关联,而这些独特的物体没有任何其他共存关系,我们不得不推测,其余一百二十余件单独发现的石球也属于林约文化,并可以用来说明其一度的分布。
>
> 当然,少量的标志性器物类型在远离它们中心分布区的地方发现并不足以证明它们所代表的文化扩张至此,不过也没有必要通过烦琐的统计学计算来揭开这类偏离所造成的分布学假象。(1956a,122,123)

因此,柴尔德对界定文化群体,基本采取一种本质上基于标准化石存在与否的定性方法。相比于如今基于计算机技术的定量研究方法,柴尔德的分类手段显得十分粗糙,不但造成信息的遗漏,也使考古记录中存在的空间模式过于简化(Shennan 1978)。

在《重缀过去》中,柴尔德几次强调,标准化石并不构成考古学家定义的文化,而只是为他们提供进一步研究的框架。

> 一项考古学遗存的实质,是由人们居住的房屋、日常活动的迹象、人们举行的庄严典礼、工匠使用的蕴含着古代科学实践成果的工具、直接表现他们思想和理念的雕刻,以及绘画等内容所组成的。

> 尽管这些内容的排列和分类依赖最多变和难以把握的流行玩物,也并不妨碍考古学家研究和展示其所属时代和社会的永久贡献,尽管时代和社会都是由最短暂的风尚所定义的。(1956a,38)

一旦在考古记录中借助某些类型识别出一个文化群体,柴尔德
71 认为下一步是列举与它们相关的所有类型和现象,从而为推断该群体的行为提供基础。在这里,柴尔德将一种文化分为三个主要部分,每个部分由几个更小的部分组成。

> 经济
> Ⅰ.初级经济:(a)栖息地;(b)食物供应;(c)取暖和遮风避雨。
> Ⅱ.工业:(a)石器制作;(b)冶金;(c)骨、角、象牙加工;(d)木器制作;(e)陶器制作;(f)纺织和编织;(g)毛皮加工;(h)其他材质的加工。
> Ⅲ.运输:(a)水路;(b)陆路。
> Ⅳ.贸易
> Ⅴ.战争

社会

Ⅰ.人口统计

Ⅱ.家庭制度

Ⅲ.城镇规划

Ⅳ.社会结构

意识形态

Ⅰ.科学类:(a)文字和数字符号;(b)计算;(c)度量衡;(d)几何;(e)历法;(f)医药和外科手术。

Ⅱ.方术类:(a)葬仪;(b)1.庙宇和圣殿;2.塑像、神像、阴茎像;3.无象征性的仪式用品;(c)仪式。

Ⅲ.艺术类:(a)绘画艺术品;(b)乐器;(c)私人饰品。

Ⅳ.体育类:(a)羊拐、骰子、跳棋;(b)赛场和球场;(c)玩具和拨浪鼓。(1956a,129—131)

正如柴尔德在1935年强调的那样,文化应该被视为一个有机的整体,而不是某些特征的机械集合(1956a,34)。因此,也许有点令人惊讶的是,他没有在详细汇编文化内容的同时,讨论主要的细分部分 72 如何在整体中相互联系。

事实上,他甚至只在一个题为《某物有什么用处?》(What is it for?)的章节中简要讨论过这个问题,但在这里,他只关心他所说的精神文化和物质文化之间的相互关系。和以前一样,他从一个专业实用主义(specialist utilitarian)的角度定义了后者。

考古遗存实体所适合容纳的范畴被迂腐地限定为"物质文化"。就是说,大部分考古资料,都可被定位为为了满足人类与其他动物共有的需要所从事的行为的结果。当然,这种满足在所有情况下都是以人类特有的方式寻求或取得的,特别是借助于人体之外的器官(extra corporeal organs)——人造物——既不是有机地附着在人体上的,也不是像蜘蛛网一样由人体产生的。可以说,正是靠着这样的本领,我们的遗物和遗迹中至少有相当大一部分,即便只是通过非常间接的方式,是用来获取食物、住所、温暖、御灾(来自人类和非人类的)和保健。(1956a,44,45)

虽然他没有定义"精神文化",但他举例说明了这个种类应该包括什么。

从分类上说,为仪式、体育或艺术活动产生的纪念性建筑和礼器,也许可以归入"精神文化"的范畴。(1956a,44)

他的主要观点是,在没有足够的食物和住所作为支撑的前提下,没有一个社会能够沉迷于仪式、游戏和装饰品,因此"精神文化"可以被合理地称为由生产系统支撑的上层建筑(1956a,44)。

柴尔德将考古文化分为经济、社会和意识形态三部分,但并没有详细探讨这背后的理论基础,因此他本可能阐述一套由相互关联的子系统所组成的复杂系统,最终却只完成了一个器物的目录,这个目录,用他自己的话来说,也并不"详尽",甚至不一定"合乎逻辑"。(1956a,128)

与此同时,他也不愿意过多阐释人类学的文化理论,尽管这一理论在他的整个学术生涯当中间接地支撑了他的考古学文化概念。因此,他的文化概念最终只是一个单纯的分类学单位,并没有突出的价值。在三十年代,他赞美这个分类单位,因为确信它是从考古记录中自然产生的。二十年之后，学界发现这些"自然组合"（natural packages）的划分存在许多严重的分类学问题，而当时的考古学方法根本不具备处理这些问题的能力。

这并不是要否认或贬低柴尔德对考古学文化概念发展的贡献。相较于他同时代人的"规范性框架"（normative framework），柴尔德的观点无疑是先进的，在许多方面预示着六七十年代的进一步发展。与规范学派理论家不同，他并不认为他的研究领域是"人类生活方式变化的概念基础"（Binford 1972b, 26）。事实上，柴尔德曾几次明确表示，他认为试图重构史前人类的思想注定是徒劳之举，因为这种尝试本身反映出对知识本质的错误理解（1949a, 1956a, 171—172）。本书的第五章将更全面地讨论这个问题。

柴尔德与规范学派的第二点不同，在于他并没有将文化视为一个庞大的整体，而是从三个不同的方面来看待，即经济、社会和意识形态（可以与宾福德［Binford 1972a］的技术［technomic］、社会技术［sociotechnic］和意识形态技术［ideotechnic］三个类别相比较）。还应指出，柴尔德熟悉克拉克（Clarke 1968）所说的文化的多异质性（polythetic nature），即几个分支的边界不一定相关。最后，像宾福德这样的新理论家一样，柴尔德认为文化与对某种环境的适应性有关，他也对环境做了文化和地理学上的定义。然而，柴尔德并不认为适应性是所有文化成分的必要功能，从而避免了现代定义的内部循环（Burnham 1973）。

03 "三期说"的功能经济学解释

　　1935 年,在向史前学会介绍他的功能性文化概念的同时,柴尔德也提出了他所谓的对石器时代、青铜时代和铁器时代三个时代模型的功能经济学(functional-economic)解释。在讨论这一解释之前,有必要概述一下该模型在 1935 年之前的发展,因为与文化概念不同,三期说在考古学中有相对较长的历史,并且在其演变过程中经历了几个根本性的变化(Heizer 1962;Daniel 1943,1967)。

　　1836 年,考古学家克里斯蒂安·约根森·汤姆森(Christian Jurgensen Thomsen)出版了《北欧古物指南》(*Ledetraad til Nordisk Old Kyndighed*),该书于 1848 年被埃尔斯米尔勋爵(Lord Ellesmere)翻译成英文,其中包含了迄今为止对石器、青铜器和铁器三个时代的最明确和详细的表述。

　　　　石器时代,指武器和工具是由石头、木头、骨头或其他类似材料制成的时期,在此期间,人们对金属知之甚少或一无所知。……

　　　　青铜时代,武器和切割工具由红铜或青铜制成,对铁或银一无所知。……

　　　　铁器时代是异教时代(heathen times)的第三个也是最后一个时期,在这个时期,铁代替了青铜,成为主要的金属制品。

（Thomsen in Daniel 1967, 93—95）

然而,汤姆森分类的简洁性没能持续太久。随着对人类远古时代的探索和史前骨器的发现,漫长的第一时代必须进行重要的结构改进。1865 年,卢博克(John Lubbock)将石器时代进一步分为两个主要时期,旧石器时代和新石器时代。

Ⅰ. 漂流者时代(Drift);当人类与猛犸象、岩熊、披毛犀和其他已经灭绝的史前生物共存于欧洲时。我提议称之为"旧石器时代"。

Ⅱ. 晚期或抛光的石器时代;以用燧石和其他种类的石头制成的漂亮的武器和工具为特征的时期;然而,在其中,我们没有发现任何金属知识的痕迹,除了有时用黄金作为装饰品。我提议称这个时期为"新石器时代"。(Lubbock in Daniel 1967, 120)

这样,卢博克为这个纯粹基于技术的分期模型中加入了地质学和生态学标准。

到十九世纪末,学界证明了这三套分期标准并不一致。艾伦·布朗(Allen Brown, 1892)提出了"中石器"(Mesolithic)概念来描述地质上较近,但已经存在凿石工具的时期,但遭到博伊德·道金斯(Boyd Dawkins, 1894)的反对。直到二十世纪二十年代,这个词才被普遍接受。

在十九世纪最后的三十年中,从事青铜时代研究的欧洲考古学家同样在他们的材料中发现了巨大的差异。意大利考古学家,如皮戈里尼(Pigorini)、科里尼(Collini)和奥尔西(Orsi),提出了一个介于石器时代末期和青铜时代初期之间的"铜石并用时代"(Eneolithic Period)。1876 年,在匈牙利布达佩斯举行的国际人类学与史前考古学代表大会（International Congress of Anthropology and Prehistoric Archaeology）上，弗朗索瓦·冯·普利兹基（François Von Pulszky）提议承认石器时代和青铜时代之间的红铜时代（Copper Age）。威廉·王尔德爵士（Sir William Wilde）在 1863 年出版的《爱尔兰皇家艺术博物馆的古物目录》（*Catalogue of the Antiquities in the Museum of the Royal Irish Academy*）中同样对红铜和青铜工业进行了区分。法国考古学家也开始认识到青铜时代之前的红铜阶段。1865 年，让杨（Jeanjean）在他的《塞文山脉的红铜时代》（*L'Age du Cuivre dans les Cévennes*）一书中主张法国南部存在一个红铜时代，并以杜霍（Durfort）的"死亡岩洞"（Grotte des Morts）命名为杜霍（Durfortian）时代。布列塔尼的圣维南（Saint Venant）、雷蒙德（Raymond）和查特利尔（Chatellier）的研究似乎证实了这个红铜时代的存在。1875 到 1876 年，尚特（Chantre）在他的《青铜时代》（*L'Age du Bronze*）中，认为红铜时代是在青铜时代之前的一个单独阶段。

76　　　　铁器时代在这个时候没有经历任何重大的改变，至少就其定义和含义而言。然而，人们发现，进入历史时期（historic time）后，西欧人一直在使用铁，因此通常用"早期"或"前罗马（pre-Roman）铁器时代"一词来表示这个最初的阶段。

　　在十九世纪，三期说模型成为为史前欧洲考古数据进行断代的基础。因此在这个时候，除了提出新的时代，考古学家们也开始尝试对时代进行系列化整理。毫无疑问，加布里埃尔·德·莫尔蒂耶（Gabriel de Mortillet）在 1869 年和 1872 年的研究对石器时代做了影响重大的进一步细分，他确认了旧石器时代的四个主要阶段：（1）莫斯特期（Epoque du Moustier）；（2）梭鲁特期（Epoque du Solutré）；（3）奥瑞纳期（Epoque d'Aurignac）；（4）马格德林期（Epoque de la Madeleine）。1872 年，他在布鲁塞尔国际会议上的发言中去掉了奥瑞纳期,将旧石器时代分为两大部分,即旧石器时代早期(Lower),包含舍利期(Chellean)、莫斯特期和梭鲁特期;旧石器时代晚期(Upper),即马格德林期(Magdalenian)。他还打算把新石器时代也纳入这个序列当中,并以瑞士的鲁本豪森(Robenhousien)遗址将之命名为鲁本豪森期,从而使其成为一个整体。

德·莫尔蒂耶的体系基本上是地质学原理应用于考古学的延伸。他在《史前史》(*Préhistorique*,1883)中写道:

> 根据地质学所采取的卓越方式——别忘了古人种学直接源于地质学——我给每一个时期都起了一个具有典型地方性特征的、广为人知和审慎的名字;唯有以下几例除外,我没有称它们为"舍利期"(époque de Chelles)、莫斯特期(époque du Moustier)、梭鲁特期(époque du Solutre),以及马格德林期(époque de la Madeleine),相反,我省略了冠词,把具有地方性特征的名词改成形容词,并让这些形容词以一致的和音结尾。这仍是借自地质学的方法。(De Mortillet in Daniel 1975,108)

因此,虽然他的分期是基于地点,每个细分单位代表的不是文化,而是根据技术-类型学标准推断出的不同时期。在一定程度上,这种分期传统被蒙特留斯等人延续到了青铜时代和铁器时代。蒙特留斯的青铜时代工作主要见于三部著名的作品:《瑞典及其他斯堪的纳维亚国家的史前史》(*Les Temps Préhistorique en Suede et dans les autres Pays Scandinaves*,1895)、《金属引进后的意大利的原始文明》(*La Civilisation Primitive en Italie depuis l'Introduction des Métaux*,1895)和《德国北部与斯堪的纳维亚的青铜时代编年史》(*Die Chronologie der ältesten Bronzezeit in Nord-Deutschland und Scandinavien*,1900)。在北

77

欧,蒙特留斯识别了五个阶段,编号为一到五;在意大利,他识别了四个阶段,并对第一阶段做了进一步细分。蒙特留斯使用数字进行分期命名,与法国命名方式有重要的区别,奠定了放射性碳定年法出现之前二十世纪考古断代方法的基础,尤其是柴尔德的方法。

在十九世纪的最后二十五年中,考古学家用类似的方法来细分铁器时代。1872 年,希尔德布兰德(Hildebrand)区分了前罗马铁器时代的哈尔施塔特期(Halstatt)和拉坦诺期(La Téne)。1875 年,德·莫尔蒂耶采取了这个划分,但把后者成为高卢(Gaulish)或马尼安(Marnian)铁器时代。1885 年,奥托·蒂施勒(Otto Tischler)依据类型学进一步将拉坦诺时期分为三段。

因此,在十九世纪,对三期说模型的主要理论影响来自当时的地质学研究。因此,三期说中的"时代"被细分为"时期",并被视为代表恒星时(sidereal time)的单位。然而,到了世纪之交,许多"时期"的同时性的发现,使考古学家们更加仔细地考察分期的基本单位。随着人们认识到考古记录中的变迁既可以用时间,也可以用社会传统的变化来解释,"文化"概念开始取代"时代"成为分类的主要单位。然而,尽管这需要改变三期说的复杂结构,但并没有对它在学科中的整体作用产生太严重的影响。

只是在二十世纪,随着考古研究从欧洲扩展到全球,以时代作为主要单位的分期方法才开始受到质疑。很明显,这一模式实际上只能在"旧世界"(Old World),特别是北欧才有效,而在更广泛的背景下的应用领域非常有限。在美洲、非洲或大洋洲,存在与现代文明共存的"石器时代"或"铁器时代"的民族,这突出了以时间框架为断代方法的基本弱点。应该指出,柴尔德是最先指出该模式在这方面不足之处的考古学家之一。

地质时期可以同样适用于所有大陆和纬度,因为跨度非常 78
长,不同地区事件之间的时间差异并不重要。因此地质时期确实
有价值,自然历史必须以这些时期为单位。一个地质时期特有的
植物或动物化石可能不会同时在世界各地出现,而是起源于一
个中心,并从那里慢慢传播开来。但以化石定义的地质时期为单
位,传播所占用的时间几乎可以忽略不计。由于其局限性和目
的,古生物学家必须忽略地区之间的时间滞后,因为对他来说,所
有的基龙(Edaphosauri)都是"同时期的"。

人类的史前史却无法忽略这样的时间滞后。单从技术水平
来看,库克船长时代的新西兰毛利人和公元前5000年尼罗河流
域的塔西亚人(Tasians)都属于"新石器时代"。如果以抛光的石
斧为"标准化石"(Leitfossilen),这将让十八世纪的毛利人与比他
们早六千年的埃及人被划入同一个时代!地质时期跨度过大,以
至于在其中整个历史时期近似于无,因此并不适合作为史前史
的断代框架。

类型学时期最多在某些区域内有效,可以为当地的遗存分类
提供一个简便但有限的框架。汤姆森的"三期说"确实使他能够按
照正确的时间顺序排列他收藏的丹麦文物,而如果把范围扩大到
包括希腊和格陵兰岛,便不再有效。若要确定哪些丹麦的器物是
与希腊的青铜时代文物或爱斯基摩石器时代文物在时间上相关,
则必须引入一个与物质材料完全无关的时间尺度。(1935c,2)

然而,尽管拒绝将"三期说"作为一个断代框架,柴尔德并不认为
该模型在考古中已经过时。相反,他革命性地提出转移研究的重点,
认为"三期说"可以为解读社会经济发展提供一个有用的框架。

那么,我们应该拿旧石器时代、新石器时代、青铜时代和铁器
79 时代这些神圣的概念怎么办呢?它们还能指代以阳历年为单位
的真实时间段吗?显然不能。但是我愿意相信它们可以被赋予
深刻的意义,即用来指人类进步的重要阶段?(1935c,7)

柴尔德还明确表示,他认为汤姆森选择的石头、青铜、铁,这些用来
制造主要切割工具和武器的材料,是有意义的经济和社会制度指标。

考古学家将史前时期划分为石器时代、青铜时代和铁器时
代并不完全是武断的。这种划分根据主要切割工具的制造材料,
尤其是斧头,因为这些是最重要的生产工具之一。现实主义史观
强调生产工具在塑造和决定社会制度和经济组织方面的重要
性。(1936a,9)

这些标准不是表面现象,而是与被分类经济和社会结构有
机地联系在一起的。毕竟,至少在技术水平较差的社会中,切割
工具在这些社会所掌握的生产资料中扮演决定性的角色。事实
上,对以此为基础分类的社会进行比较研究,可以很好地揭示生
产资料对生产方式的影响。(1946c,18—19)

因此,柴尔德相信,借助马克思主义的历史模型,他可以从社会经
济的角度解释石器、青铜和铁器三时代。然而,在继续研究他赋予三
期说的经济和社会学价值之前,我们需要考察这种阐释的分类基础。
因为虽然柴尔德强调了以技术标准为基础的模式的优势,但此时的
三期说系统已不再是纯粹以技术为基础,而是在其发展过程中以并
不系统的方式获得了其他分类标准。这一点在新石器时代最为明显,
当时的新石器时代受抛光石斧、陶器和农耕,以及地质时代——全新

世——影响,有一整套不同的标准。

在《方法与目的》中,柴尔德保留了汤姆森区分青铜和铁器时代的原始技术标准,即用于主要切割工具和武器的材料,同时强调了石器时代细分的经济标准。"新石器时代意味着'食物生产',将与旧石器时代的'食物采集'经济形成对比。"(1935c,7)虽然他认为这一新石器时代的定义与此前的定义基本一致,但实际上反对将抛光石斧作为判断新石器文化的标准。

80

> 抛光石斧标志着类型学意义上的新石器时代,而不论过去还是现在,它都是为食物采集者所使用。欧洲东北部的梳篦文化(comb-ware culture)的抛光石器和陶器在类型学上表现出新石器时代特征,但其经济基础是食物采集;这个文化的经济是旧石器时代的,尽管技术已经进入了新石器时代。相反,一群典型的自给自足的食物生产者,如巴达里人,显然没有使用抛光石斧,因为根本用不上,原因是木材稀缺或并不存在。因此,抛光石斧并不是新石器时代文化的决定性或必要标志。(1935c,8)

此外,如下面一段引文所示,柴尔德也并不完全相信陶器是可靠的新石器时代文化标志。

> 陶器曾经被认为是新石器时代才出现的。而李基(Leakey)博士在肯尼亚的更新世沉积物中发现了陶片。最近,伯切尔(Burchell)和里德·莫尔(Reid Moir)也主张欧洲旧石器时代陶器的存在。他们和其他人的研究让我相信,不能排除旧石器时代存在陶器的可能。(1935c,8)

然而,在这个时候,柴尔德并没有完全放弃将技术作为标准,而是赋予那些他认为"形式上属于新石器时代",同时以狩猎采集经济为基础的文化以独立的地位。

> 应该用例如"后旧石器时代"(opsipalaeolithic)或"后中石器时代"(opsimiolithic),来描述形式上属于新石器时代或与新石器时代文化同时代的文化,但仍然保留了旧石器时代的食物采集经济。(1935c,8)

有意思的是,柴尔德在这时仍将旧石器时代和更新世(Pleistocene)相等同,这表明如果"可以确定更新世早期存在作物栽培,旧石器时代或新石器时代这两个词的意义将不得不发生改变"(1935c,8)。

他在其他地方写道:

> 旧石器时代确实非常漫长,我们甚至可以视其为一个普遍时期(universal period),相当于地质学中的更新世。但是考虑到它的结束,不同区域之间的时间延迟是至关重要的。许多考古学家通过插入中石器时代,将更新世与旧石器时代等同起来,认为一些后冰河时代的考古遗迹属于中石器时代,这些遗迹主要来自英国和西欧,它们只是在冰河时代结束后很久才受到新石器时代革命的影响。然后,那些晚于更新世,且早于当地新石器时代的遗迹则被归入中石器时代。(1936a,50)

然而,在他学术生涯的后期,柴尔德对这种等同提出了批评,认为这是由于缺乏对绝对年代学和相对年代学之间差异的理解而造成的。在这个背景下,他坚决反对引入中石器时代的概念,认为会造成更严重的混淆。

> 这样的创新我只能认为是可悲的。因为这将支持并且固化一种与三期说系统的创建者毫不相干的混乱。汤姆森是在一个小且单一(homogeneous)的区域内进行史前材料整理。在丹麦,石器、青铜和铁器的确描述了三个真实而连续的"时代"。之后欧洲的其他地方发现了同样的序列,最终在埃及和亚洲也发现了同样的序列,但这并不意味着这几个"时代"在不同地方出现的时间全部一致。汤姆森可能从未设想过这种可能。他的直接继任者,如沃萨(Worsaae),明确否认了这一点;青铜时代开始于埃及和地中海东部,比北方早得多。
>
> 但是根据卢博克对石器时代的划分,其中一半被认为是与更新世同时的。(1951a,19—20)

在他的整个学术生涯中,柴尔德一直主张为石器时代的分期建立一个经济基础,同时保留主要时代的技术标准。换句话说,他采用的基本上是一种混合的方法。在《重缀过去》(1956)中,他坚持了这种方法,认为为进一步分期引入一种新的分类基础是非常合理的(1956a,86)。然而,具体情况是复杂的,因为尽管柴尔德将旧石器时代和新石器时代描述为石器时代的两部分,但在他最初的功能经济学解释中,他似乎将旧石器时代、新石器时代、青铜时代和铁器时代视作同等的经济阶段。由于新石器时代、青铜时代和铁器时代都出现于经济革命之后,更突出了柴尔德的这种定位。

柴尔德保留了这种四段分期,直到他学术生涯的后期,才重新划分成五段。在《重缀过去》一书中,他认为旧石器时代早中期所代表的技术组合(technological grouping),应当与旧石器时代晚期/中石器时代的区分开。柴尔德将石器时代的第一个亚期称为始石器时代(Protolithic)或旧石器时代,第二个亚期称为中石器时代(Miolithic)(1956a,86)。而第三个亚期新石器时代与旧石器时代和中石器时代不同,是由经济标准——食物生产——定义的(1956a,87)。青铜时代和铁器时代,传统上是由用于主要切割工具和武器的材料来定义的(1956a,89—90)。

丹尼尔在1943年对三期说的批判中认为,柴尔德实际上引入了一种与汤姆森的三期说不同的全新史前史模型。在他看来,这两个模型是对人类历史的两种"不同的组合:一种从技术角度,另一种从功能-经济角度"(Daniel 1943,48)。当然,柴尔德对三期说的全新阐释表明了一种全新的经济学模型。但柴尔德从未试图让这个模型独立于三期说框架之外。在他有生之年,考古学并不是为了直接研究经济事实。相反,经济事实必须从技术当中推导出来。早在1956年,柴尔德就通过对新石器时代的讨论引起学界对这个问题的关注。

这项标准在实际操作中并不是很容易就能应用于现实的。仅仅通过几块兽骨,很难区分出驯化和野生的动物;蔬果等农作物的残留也仅仅在个别特殊环境中才得以保存。因此,任何史前农耕的证据看起来都会遗失殆尽,除非农人制造出专门且极易辨认的收割或碾磨谷物的工具 —— 而我们没有理由怀疑最早的农人的确就是这么做的。

史前史学家曾经一度希望规避这一实际困难,他们相信所有的史前农人都会制作陶罐,并且大多数至少会磨制斧刃。然而,自1950年以来,有人提出最早的巴勒斯坦、塞浦路斯、库尔德斯坦和俾路支斯坦的农人们并没有制作陶器,而至少在巴勒

斯坦,他们根本没有制作出可以辨认的斧头,更不用说有磨光的斧刃了。(1956a,87—88)

然而,撇开实际操作的原因不谈,很明显,柴尔德认为汤姆森"三期说"与人类社会经济发展的主要阶段相吻合。如上所述,柴尔德持有马克思主义的社会观,其中,某一特定的技术水平被视为与某一特定的经济和社会形式相对应。基于这一观点,石器、青铜和铁器技术应该代表适合于对每种技术有具体需求的经济和社会制度。

石器时代

柴尔德提出的有关石器时代经济的主要观点有两个:第一,石器时代经济自给自足,第二,缺乏全职的专业分工(full-time specialisation)。有意思的是,他认为这些特征是旧石器时代和新石器时代所共有的,尽管后者代表一种食物生产的经济,而前者代表一种食物采集的经济(1935c,7;1936a,54—117;1954b,40—44)。虽然柴尔德知道石器时代存在贸易,但他认为贸易仅限于奢侈品。

> 我们可以很好地证明在石器时代,甚至在旧石器时代,商品流通意义上的贸易确实存在。但是石器时代的贸易对象总是奢侈品——即使不仅仅是贝壳或类似的"装饰品",至少也是非必需品。因此,在石器时代,有可能实现自给自足。(1951a,25—26)

柴尔德认为,与紧要关头可有可无的奢侈品不同,金属是最早的社会不可或缺的商品。在这个背景下他提出,金属从奢侈品变为必需品有两个主要的原因。

> 一方面,在像底格里斯河－幼发拉底河三角洲这样的冲积河谷的特殊条件下,即便是石料也很稀少,红铜或青铜工具因其耐用性,可能实际上比石头或黑曜岩更经济。另一方面,在战争中,尤其是近身搏斗时,铜制刀或匕首要比石制的可靠得多;因为后者可能会在殊死关头突然坏掉。(1942a,71)

当柴尔德讨论石器时代的社会结构时,他并没有试图评估食物生产的革命为社会带来的变化。他认为在石器时代,社会是根据亲属制度来组织的——像涂尔干一样,他认为这种结构是"机械的",而非"有机的"。

> 通过类似的手段获取食物形成的共同体意识,保证了群体的某种团结,因为合作对于获得食物和居所,以及防范来自同类和自然的灾祸来说至关重要。这种经济利益和追求的一致性,在语言、习俗和信仰的一致性中得到呼应和放大;在对食物的共同追求中,这种一致性跟技术一样得到有效的巩固。但这种一致与合作不需要国家组织来维持。因为一个地方的群体通常由单个氏族 …… 或一群固定联姻的氏族构成。亲属关系的集体情感通过围绕一些祖先圣地的共同的仪式得到加强或补充。考古学无法为亲属关系组织提供证据,但美索不达米亚史前村落往往在中心建有神殿,而英国大多数新石器时代村庄都建有长坟,一个可以俯瞰整个村庄的集体坟墓,很可能也是汇聚了村民情感和仪式活动的祖先圣地。然而,如此理念化和象征化的团结,实际上与狼群或羊群有着类似的原则;涂尔干称之为"机械团结"。

（1950e，7）

与此同时,他认为这种类型的社会可能是马克思主义者所说的"原始 85
共产主义"的一个范例。

> 石器时代的生产方式与"原始共产主义"也并无太大不同,
> 如果后者意味着集体拥有果园、牛羊,以及像渔网这样共同使用
> 的生产工具的话。(1946c,20)

青铜时代

1930 年,柴尔德出版了《青铜时代》,在这部作品中,他试图将汤
姆森的第二个时代重塑为一个人类经济和技术发展的重要阶段;柴
尔德认为青铜的发明是科学史上的一次重大进步,意味着人类对物
质受热而发生剧烈物理变化的认识。其次,他强调,金属的普及一定
建立在规律而广泛的贸易关系的前提之上。因此,为了能从专业青铜
器制造者那里购买金属工具,农人不得不牺牲自给自足的生产方式。

> 与此同时,在一个特定的族群中,获得这种新材料的代价是
> 农人必须牺牲自己的经济独立和村庄的自给自足。每个新石器
> 时代的家庭都有能力,也确实会自己制造生活必需的石制或骨
> 制刀、斧等工具;在新石器时代,一个村庄从来不会,也不需要向
> 外寻求生活必需的材料,除了像贝壳这类的奢侈品。但金属工具
> 不同,农人必须从工匠那里购买。而后者,除特殊情况外,必须从
> 外界进口原材料。这或许是新石器时代和青铜时代的本质区别。
> （1930a,8—9）

因此我们发现,早在 1930 年,柴尔德已经形成了自己关于青铜时代本质特征的基本论断。如下文所示,他在整个学术生涯中都坚持了这一论断的要点。1935 年,在介绍三期说的功能经济学阐释时,他写道:

> 金属的普及打破了这种(新石器时代的)经济独立和自给自足。像矿工一样,金属工匠是一门专业的手艺;他的材料,金属或矿石,几乎总是通过某种相对固定的贸易或交换系统从其他地区或民族那里获得。
>
> 因此,红铜和青铜是经济结构朝着现代的方向发生根本变化的表现。这标志着专业化分工和稳定的对外贸易的开始。(1935c,7—80)

在 1951 年,柴尔德写道:

> 首先,这或许标志着劳动专业化的开始——恩格斯更准确地称之为"手工业和农耕的分离"。……民族志研究证明,金属工匠通常是全职工作;他们既不耕种也不捕猎,而是用自己的手艺换取食物。考古证据表明,史前青铜工匠确实如此。他们是人类历史上第一批全职专家(full-time specialists)。
>
> 其次,只有在贸易活动稳定的前提下,红铜或青铜的普及才有可能。(1951a,25)

最有意思的是,柴尔德认为工匠们不容易适应石器时代社会的亲属社会结构。

在野蛮的石器时代,个体的人身和财产的安全往往通过家族间的争斗来维护——受害者亲属对侵犯者及其亲属进行集体报复。但是流动的金属工匠没有亲属能够就地为他报仇。因此新的专职阶层不再能适应以亲属关系为基础的旧的社会结构。只有当生产方式和社会组织相互调和以满足这些要求时,青铜时代才真正到来。(1946c,25)

在欧洲,柴尔德认为工匠会被亲属社会所排斥,而在东方,他假设氏族结构瓦解,阶级社会取而代之,群体不再由血缘关系而是由地缘关系来维系。他认为,青铜业起步所必需的社会剩余的集中是由单一神圣王权和少数贵族保证的,他们通过税收和租金来占有农民微小的生产剩余。柴尔德认为东方青铜时代的社会结构是"有机的",而不是"机械的"。分工出现之后,社群的成员不再共有同一个目标,而是具有不同的功能。然而,这种"有机团结"(organic solidarity)是由各自追求利益的不同经济阶层实现的;一方面,极少数的统治阶级占有了大部分社会剩余,另一方面,绝大多数人只能勉强维持生计,实际上被排斥在文明带来的精神利益之外(1950e,16)。

如前所述,柴尔德关于青铜时代不同社会结构类型的推论对他解释东方与欧洲的文化变迁至关重要。然而,尽管早在1936年,柴尔德就尝试说明青铜时代的社会结构如何阻碍了古代东方的文化进步,直到五十年代中期,他才用欧洲青铜时代的社会结构来解释该区域快速的技术进步。

铁器时代

对于铁器时代的经济和社会结构,柴尔德只进行了相当笼统的分析。柴尔德的确很少将铁器时代作为技术和经济阶段进行分析。他曾专门写过几本关于石器时代和青铜时代的书和文章,例如《青铜时代》(1930)和《石器时代复苏》(The Stone Age Comes to Life,1954),但没有关于铁器时代的相应著作。即使在他的通识著作中,铁器时代也只是个次要的角色。《人类创造自身》(1936)或《早期社会形态》(Early Forms of Society,1954)的论述都到青铜时代结束。在《社会演化》(1951)中,尽管柴尔德展示了不同地区的某些文化如何向铁器时代过渡,但在书的开头关于"三期说"相当充分的讨论中,他并没有将铁器时代作为一个整体进行论述。同样,在《重缀过去》(1956)中,铁器时代在他关于"三期说"体系的讨论中明显缺席。更令人失望的是,在《作为技术阶段的考古分期》(Archaeological Ages as Technological Stages, 1944)和《三期说的社会含义》(The Social Implications of the Three Ages,1946)等文章中,柴尔德没有像对石器时代和青铜时代那样,对铁器时代进行深度分析。事实上,在这两篇文章中,主要的焦点都集中在青铜时代。即便如此,柴尔德确实主张,88　铁器时代首次出现了一种不同于青铜时代的新型文明。

只要不怕麻烦——通常是相当麻烦——几乎每个社群都可以从当地材料中获得金属,用来锻造工具,尽管比不上最好的青铜器,但仍然比石器强得多。

因此,铁实际上是比较容易获得的,而不需要红铜或青铜普及所必需的大量资本积累。事实上,人们无须依靠占统治地位的国王或头领便可以获得铁,因此铁比铜更能被广泛地用于生产。

与红铜或青铜不同,根据铁这样一种如此容易获得的金属发展出来的技术,不需要依赖资源的高度集中,而可以在另一种生产关系下得到运用。当青铜时代典型的君主政体在埃及、美索不达米亚和中国延续,在意大利、希腊、叙利亚和巴勒斯坦(前所罗门时代)的许多铁器社会则出现了共和政体。(1946c,30—31)

那么,柴尔德对"三期说"的重新解释,从根本上改变了他对考古学学科模型的看法。他不再视之为文化分类的时间框架,而是基于技术和经济标准的一种理解过去的社会经济模型。在这个前提下,我们可以预期,这个模式应该与其他类似的对过去的社会经济解读模型相对应,尤其是那些具有类似的分类基础的。柴尔德本人当然相信这一点。1951 年,他写道:

> 我用二十年时间试图赋予传统的"时代"概念一些经济和社会学价值,并使之能够与社会学家和比较人类学家提出的文化演化的主要阶段相吻合。(1951a,22)

的确,在他的整个学术生涯中,柴尔德经常在论述中将"三期说"与刘易斯·摩尔根(Lewis Morgan)的蒙昧(savagery)、野蛮(barbarism)和文明三阶段说相结合。例如,在《历史上发生过什么》(1942)中,他把蒙昧阶段对应旧石器时代,来描述人类演化的狩猎采集阶段,把野蛮阶段对应新石器时代,即随后的食物生产阶段,并把文明阶段的最初两千年对应于青铜时代。在尝试探讨柴尔德对两种模式的结合之前,有必要首先考察摩尔根三阶段论的主要特征。这是一个主要研究社会制度从家庭到国家的发展的社会学模型。摩尔根认为人类经历了一种从原始杂交(sexual communism)到专偶制(monogamy),从氏族(gens)到国家(state),从母权制(matrilineality)到父权制(patrilineality)的演化。跟柴尔德对"三期说"的解读一样,摩尔根的三阶段也是依据技术-经济标准划分的：

    蒙昧阶段早期：采集水果和坚果

    蒙昧阶段中期：捕鱼、用火

    蒙昧阶段晚期：弓箭

    野蛮阶段早期：陶器

    野蛮阶段中期：驯养动物（旧世界）、玉米栽培、灌溉、土坯和石料建筑（新世界）

    野蛮阶段晚期：铁制工具

    文明阶段：音标和书写

    （Morgan in Harris 1968,181）

柴尔德很欣赏这个十九世纪的模型,尽管他认识到了其中的许多问题,他仍认为这是同类模型中最好的尝试。对柴尔德来说,摩尔根的重要性源于三个因素：

    他的研究对象不是孤立于社会背景之外的个别制度的演变,而是整个社会的演变。其次,他在一开始就试图确定他研究的社会的排列顺序。至少,他预先规定了一个序列框架——即所谓的"民族时期"（ethnical periods）——并制定了标准,通过这些标准可以识别序列中任何社会的位置。最后,摩尔根选择的标准是技术性的,因此可以与考古的研究对象相比较。（1951a,6—7）

此外,柴尔德相信,由于马克思和恩格斯采纳了摩尔根的理论,摩尔根在人类学理论史上的重要性得到了进一步巩固（1951a,9）。马克思和恩格斯都不是人类学家,在为研究前资本主义经济结构寻找

原始资料时,他们自然会借鉴该领域最为权威的成果。而摩尔根的模 90
型的标准包括技术元素,因此适合转换成理解过去的唯物主义方法。

> 蒙昧阶段——人类依靠获取现成可用的自然产品;主要生
> 产辅助这类获取的工具。
> 野蛮阶段——人类获得驯养动物和耕种土地的知识,掌握
> 了如何通过人类活动提高自然生产力。
> 文明阶段——人类掌握如何进一步加工自然产品,创造出
> 真正的工业和艺术。(Engels 1954[1884],46)

然而,到了1951年,柴尔德不得不承认,他对"三期说"的社会经
济学解释与摩尔根的三个"种族时期"并不一致。虽然旧石器时代和
中石器时代社会可以放在摩尔根的蒙昧阶段,新石器时代社会可以
放在随后的野蛮阶段,但青铜时代社会不能轻易地等同于文明。在这
里,柴尔德不得不承认,建立在青铜技术基础上的社会经济体系是多
种多样的。

> 人们发现,旧世界青铜时代的社会在政治和社会组织、经济
> 结构甚至技术水平方面存在巨大差异。欧洲温带地区甚至小亚
> 细亚的许多青铜时代的村庄并不比同一地区的新石器时代的小
> 村庄更大,语言也不见得更发达。另一方面,青铜时代的埃及人、
> 苏美尔人、米诺斯人和中国人已经完全掌握了文字,并且建造了
> 大城市。因此这一个考古时期涵盖了两个主要的民族志或社会
> 学阶段,即刚刚定义的野蛮和文明。(1951a,26)

此外,他甚至承认,即使没有青铜技术,文明实际上是可能的,这

也是他少见的关于新世界文明的论述之一。

91   我们甚至不能说金属的使用——例如,在促进技术专业化
和贸易方面,或者提供先进的运输方式方面——是文明的必要
前提。因为在新世界,玛雅人凭借他们精致的历法和象形文字,
被认为一定已经到达了文明阶段。然而根据考古标准,他们必须
被称为新石器时代,因为他们没有使用金属工具或武器。

          因此,"三期说"之间的考古断代并不能为进一步划分野蛮
阶段提供有用的基础。(1951a,26—27)

新石器革命和城市革命

1935 年,当柴尔德论述他对"三期说"的功能经济学解释时,"革
命"概念显然是其中的一部分。那时,他认为新石器时代、青铜时代
和铁器时代初期各发生了一次革命。这些革命被认为是各时代之间
关键的过渡节点。

          第一次革命性的进步是在一些群体开始栽培植物和/或驯
养家畜时发生的。这次人类生活的革命可称为新石器革命。

          在《青铜时代》中我曾试图说明接下来的一个时代如何被一
场几乎同等规模的经济革命所界定。青铜时代意味着一场经济
革命,这场革命唤起了专业工匠和商人,并为他们提供了生计。

          一场更为重要的经济革命为我们划清了铁器时代。廉价的
铁制工具为定居地开辟了更肥沃的土地,从而提供了更丰富的
食物供应。人口分布图能够直观地说明铁器革命带来的大规模
人口增长。(1935c,7—8)

第二年,他在《人类创造自身》中写道:

> 考古学的"时代"大致相当于经济阶段。每一个新的"时代"
> 都肇始于一场与十八世纪的"工业革命"类似并具有同样影响力
> 的经济革命。(1936a,39)

然而,在同一篇文章中,柴尔德用城市革命的概念代替青铜革命和铁器革命,打破了先前简洁的一一对应结构。而新石器革命、青铜革命和铁器革命分别与新石器时代、青铜时代和铁器时代紧密相连,而"城市"(urban)一词也明显在"三期说"框架之外。从词源上来说,"城市"一词将"urbs",即城市定义为这一革命过程的关键特征,而不是某种特定的技术经济水平的演进。柴尔德确实常常将自己的"城市革命"与摩尔根的文明阶段联系在一起(1950e)。可以说,由于"城市"在意义上与文明密切相关,城市革命更适合摩尔根的模型,而非"三期说"。当然,正如丹尼尔在1943年指出的那样,若要将城市革命勉强放入"三期说"结构中,只有将其看作东方向青铜时代,和欧洲向铁器时代的过渡时刻(Daniel 1943,47f.)。

92

新石器革命

柴尔德在发明"新石器革命"这个概念之前,就意识到了粮食生产的革命意义。在《远古东方》的第一版中,他写道:

> 那场革命使人类不再单纯地寄生于世,而是通过掌握农耕
> 和畜牧,成为创造者,从环境的掌控中得到了解放。之后人们发
> 现了金属及其特性——这些最伟大的时刻,在幕布升起之前就

已经过去了。(1928,2)

直到 1935 年,在《方法与目的》中,他才提出了新石器革命的概念。

> 人类与其他动物最初的区别——火的取用等——可以追溯
> 到旧石器时代。但是,据我们所知,旧石器时代的人完全依靠狩
> 猎、捕鱼和采集为生。第一次革命性的进步发生于人类首次栽培
> 植物和/或驯养动物时。这些技术让人们能够控制自己的食物供
> 应,还可以在一定范围内根据需求增加供给。因此,人口空前增
> 长,达到了此前,即便像多尔多涅河(Dordogne)流域的马格达莱
> 纳人(Magdalenians)或不列颠哥伦比亚的夸基乌特人(Kwakiutl)
> 这样地理位置最优越的猎人都无法想象的程度。艾略特·史密
> 斯坚持食物采集者和食物生产者之间存在革命性的差别,这是
> 他对史前史做出的许多贡献之一。在他的领导下,哈罗德·皮克
> (Harold Peake)和其他人提出,新石器时代的开始应当等同于食
> 物生产经济的开始。这场人类生活的革命可以称为新石器革命。
> 新石器时代意味着"食物生产",并将与旧石器时代的食物采集
> 经济形成鲜明对比。(1935c,7)

在这一点上,柴尔德承认艾略特·史密斯的重要贡献,是他让考
古学家理解从食物采集到食物生产经济转变的重要性。史密斯在
1928 年强调,正是农耕生活方式为人类定居提供了有利条件,从而对
那些代表文明物质基础的事物产生了需求(Smith 1928,37)。他认为
在学会生产食物之前,人类还处于一种自然的纯真状态。

因此,"自然人"(Natural Man)被描绘为一个赤裸、无害、纯

真的孩子,善良、诚实、体贴,具有绘画和工艺的才能。虽然胆小而友好,但时刻准备着为自己的生命而战。

虽然技术高超,能力出众,但"自然人"对于建造房屋、制作衣服、耕作土地或驯养动物并没有与生俱来的欲望。他既没有宗教也没有社会组织。(Smith 1928,26)

既然史密斯不认为人具有天生的创造欲望,他试图从环境刺激的角度为食物采集到生产的转变寻求解释。为此,他强调公元前4000年左右尼罗河流域的独特条件。

有人或许会问,人类这个拥有完全自由与和平的单纯时代是如何结束的?从我们掌握的证据来看,几乎没有什么疑问,上埃及(Upper Egypt)尼罗河沿岸广泛种植的大麦是引发这场人类重大革命的主要原因,为文明的出现铺平了道路。

这样的发展是由于古埃及人拥有得天独厚的自然环境,这点无论怎么强调都不过分。他们享受着一片富饶的土地,这片土地为他们提供了大麦、小米和坚果,以及充足的肉类和野味——牛肉、羊肉、羚羊;鸭子、鹅、鹌鹑和其他禽类。因此,埃及人放弃游牧生活,在谷地定居以利用大自然给予他们的财富,又有什么奇怪的呢?(Smith 1928,36—39)

在他后来的著作中,柴尔德认为史密斯的主张是科学伪装下的神学,将他的埃及文明摇篮说称为"尼罗河的伊甸园"(Nilotic Eden)(1951a,12)。

在二十世纪,基督教关于"创造"和"堕落"的教条在传播论的伪装下重新出现。我确信,英国传播学派的创始人艾略特·史密斯,在与泰勒和他的演化论的论战中,并无意复兴神学教条。然而,传播论的确导致了这样的结果。蒙昧人在传播论者的描述中显得完全没有主动性,没有发明任何工具、神话或社会制度的欲望或能力。所有的重大发明都是由某些被选中的人一次性创造的。既然人不能教化自己,文明一定是个奇迹,是超自然干预的结果。(1951a,12—13)

柴尔德指出,史密斯相信自己可以用尼罗河得天独厚的自然条件对这一奇迹进行合理化解释,但在柴尔德看来,这本身就是个神话,而美索不达米亚早期文明的发现打破了这一神话。尽管柴尔德强烈反对史密斯的论点,但他自己对食物生产革命的解释和史密斯有许多相似之处。事实上,柴尔德的环境主义(environmentalist)方法可以看作是同一基本论点的更广泛的应用。在《曙光》的第一版中,他将东方进步的停滞归因于上一次冰川衰退带来的气候条件。然而,他的论述并不充分,读者只能自行假设西亚的环境"非常有利于文化进步"(1925a,22)。而在《远古东方》的第一版中,他的论述更为具体,在描述了上一次冰川期间东方的肥沃平原之后,他写道:

95   北非和南亚宜人的草原上一定像欧洲寒冷干草原一样人口密
             集,因此有理由猜测,生活在这种富饶、确实令人兴奋的环境中的
             人会比他们在冰封的北方的同类取得更大的进步。(1928,26)

随着最后一次冰川的消退及随后草原的干涸,他提出,

             此前生活在草原的居民必须发挥聪明才智加以应对。他们

被迫向绿洲或越来越不稳定的泉水和溪流的岸边聚集,亟须加紧寻找获得资源的方法。动物和人类逐渐围绕着沙漠中越发孤立的池塘和溪流一同聚居,这促进了人类和动物之间的某种共生关系,也就是通常所说的"驯化"。(1928,42)

柴尔德在他的整个学术生涯中都保留着这种观点。下面这段话写于二十多年后:

食物生产——主动栽培食用植物,尤其是谷物,以及驯服、繁殖和选择动物——是一场经济革命,人类历史上继掌握火之后最伟大的革命。初期干燥的条件(conditions of incipient desiccation)刺激了粮食生产经济。围绕河岸和泉水的被迫聚居使得对食物的需求更为强烈。动物和人类将日益集中在被沙漠地带隔离的绿洲中。这种强制的并置可能会促进"驯化"一词所指代的那种人与动物的共生关系。(1952a,23—25)

正如罗伯特·布雷德伍德后来指出的那样,柴尔德的环境决定论并不完全令人满意。

在那之前也曾有过三个更早的大冰川时期,其间也有过较长的天气温暖的时段。因此,河谷和绿洲中的人、植物和动物的被迫共生关系在更早的时候肯定也发生过。那为什么彼时没有发生驯化?(Braidwood 1951,86)

此外,布雷德伍德在近东田野工作的发现,让他对粮食生产时代开始时环境变化的程度提出了质疑。 96

在亚洲西南部,我们在自然科学领域的同事们没有看到任何证据,表明扎尔兹期和亚尔莫或哈苏纳期之间的气候或动物种群发生了巨大变化。(Braidwood and Howe 1960,181)

由于布雷德伍德无法在外部环境中找到食物生产转变的充分原因,他转而在人类文化发展当中寻求解释,特别是人类掌握的动植物的知识。

在我看来,没必要用无关的"原因"把故事复杂化。食物生产革命似乎是人类社会不断分化和专业化的高潮。大约在公元前8000年,新月沃土周围山区的居民就对他们的栖息地非常熟悉,于是开始驯化他们一直在采集的植物和狩猎的动物。(Braidwood 1960,134)

最近,宾福德提出,柴尔德的邻近理论实际上是一种人口不平衡理论(1968,328f.)。气候变化会带来特定地区的粮食减产,因此打破粮食供应和人口之间的平衡。像柴尔德一样,宾福特认为特定地区的人口和粮食供应之间的不平衡可能会对粮食生产起到刺激作用,但与柴尔德不同的是,他并不认为这种不平衡来自气候变化导致的粮食供应减少。相反,他提出是人口的增长导致了不平衡。

然而,在柴尔德的分析中,人口增长被视为新石器时代革命的结果,而不是刺激因素。

野蛮或粮食生产,无论是通过农耕或畜牧业或两者的结合作为混合农耕,开创了新石器时代。这个时代的开始通常被称为新石器革命,用这个词来类比工业革命,因为有理由假设随后发

生了人口的相对增长。从考古角度来看,新石器时代的村庄和定
居点比旧石器时代和中石器时代更大。民族志研究表明,野蛮人
通常比蒙昧人群体密度大得多。

　　理论上讲,相同的区域,如果用作牧场,甚至种植玉米或木
薯,可比在仅进行狩猎采集的情况下,为更多的人提供食物。同
样,从理论上讲,仅仅通过扩大耕地面积和允许牛羊繁殖,就可以
为不断扩大的人口生产食物。(1954b,43)

柴尔德假定人口密度和食物供应之间有直接关系,而食物供应
又由自然资源及其开发技术,以及可利用的运输和食物保存手段决
定(1950e,4)。尽管他意识到估计史前人口的困难,但他仍然指出新
石器时代的确发生了普遍的人口增长。

　　即便用我们现在掌握的不完善的数据,也能够对相邻时代
或阶段的人口密度进行局部比较。毫无疑问,骨骼、坟墓或棚屋
遗址越古老,留存下来的概率就越低。即便如此,法国已知的旧
石器时代和中石器时代骨骼数量与新石器时代的数千具相比,
也几乎微不足道。即便前者的时间是后者的十倍或二十倍长。
这项比较揭示了一个明确的迹象,尽管可能不全面,即新石器革
命带来的粮食生产经济,的确促进了人口的增长,正如我们的理
论主张的那样。(1935c,12)

最近的区域研究,如霍尔和弗兰纳里(Hole and Flannery 1967)在伊朗
西南部的研究,倾向于支持柴尔德的论点。他们估算那里每平方公里
的人口数在旧石器时代晚期为0.1人,旱作初期1—2人,灌溉后则可
达6人或更多。

　　然而,柴尔德可能低估了限制人口增长机制的复杂性。特别是文化限制,如杀婴、堕胎和哺乳禁忌等如今被认为有助于保持人口稳定的限制手段(Deevy 1960；Dumond 1965；Birdsell 1958；Halbawchs

98　1960)。与此同时,人口增长作为技术经济变革的一个促进因素,其作用可能比柴尔德所认为的更为重要(Smith 1972)。

　　除了人口增长,柴尔德还认为新石器革命为经济剩余的产生提供了条件。

　　　　　除增加人口外,新石器革命还有其他后果。这种全新经济允许,也确实要求农人每年的生产超过维持自己和家人生存所需的数量。换句话说,新石器时代经济使得稳定产出社会剩余成为可能。(1950e,6)

然而,他确实承认,在某些特殊情况下,狩猎采集同样可以实现剩余(1954b,41—42)。但这些情况或许没有柴尔德想象的那么特殊。在新石器时代革命的发源地近东,两项研究值得参考。第一项是哈尔兰(Harlan)在土耳其进行的著名实验。哈尔兰(Harlan 1967)在一个小时内收获了一公斤野生玉米,并推算出一个四口之家可以在三周内收获一吨,比一个家庭一年可能的消耗量还要多。第二项,佐哈里(Zohary 1969)推算,在加利利(Galilee)东部,由二粒小麦和大麦混合成的野生麦田在雨季能够收获 500—800 公斤,也就是说,在某些条件下,野生的小麦和大麦麦田能够达到与耕地相同的密度。

　　最近对现代狩猎采集者生存经济的民族学研究也表明,产生经济剩余的潜力并非粮食生产经济所独有。狩猎采集者远非处于饥饿的边缘,而是拥有丰富的食物资源,值得注意的例子是波拉特人(Boratse)、南非孔布须曼人(Kung bushmen)、哈扎人(Hadza)和多洛博人(Dorobo)(Binford 1968,326)。

城市革命

在柴尔德的分析中,新石器革命深刻表明了从粮食采集到粮食生产的经济变革,同样清楚地标志着他所认为的旧石器时代和新石器时代这两个经济阶段之间的过渡时期。而城市革命并非如此。如上所述,urban 一词指的是城或城市作为变革过程的中心,而非某个特定的经济变革。此外,他并没有明确说明城市革命具体启动了哪个经济阶段。它或许与青铜时代的开始有关,或者与青铜时代和铁器时代的开始有关,或者与社会学意义上的文明阶段有关。

城市化不是一个容易定义的概念,我们可以通过生态、社会学、功能等多种途径来理解(Wheatley 1972)。柴尔德采用了一种利用"特征复合体"(trait complex)的方法,他希望通过一组相互关联的特征来识别"城"(urbs)或城市(city)。在他关于城市化最重要的作品《城市革命》(The Urban Revolution,1950)当中,他列举了最古老城市的十个共同特征。

1. 规模:第一批城市比以前的定居点规模更大,人口更密集。

2. 人口组成和功能:在这两个方面,城市人口与村庄不同,其中包括全职专家、工匠、运输工人、商人、官员和祭司。

3. 剩余:每一个初级生产者把他的盈余供献给神明或国王,后者将盈余集中起来。如果没有这种集中,由于农村经济的生产力较低,就无法形成有效的资本。

4. 纪念性建筑:这些建筑区分了城市和村庄,象征着社会剩余的集中。

5. 社会剩余不平等分配:祭司和文武官员占据了大部分社会剩

余,从而形成了"统治阶级"。

6. 书写:书写的发明是为了方便社会组织所需要的管理。

7. 科学的发明:书写的发明又反过来促进了算术、几何和占星术等科学的发展。

8. 写实主义艺术:其他专业的发展为艺术表达提供了新的方向。早期文明中心的艺术家开始雕刻、塑造和绘制人或物的形象,不再是狩猎采集者天真的写实主义,而出现了更加概念化和复杂的风格。

9. 贸易:早期文明普遍存在奢侈品和必需品的规律的"对外"贸易。

10. 基于地缘而非亲属关系的国家组织:在城市中,专业工匠既获得了其技能发挥所需的原材料,也保证了基于地缘而非亲属关系的国家组织的安全。

100　　亚当斯(Adams)在《城市社会的演变》(*The Evolution of Urban Society*,1966)中对这种方法提出了两个重要的反对意见。首先,他认为柴尔德的这套标准过于混杂;其次,他认为,因为这一系列特征是描述性的,而非解释性的,因此更适合识别阶段,而不是理解过程。

> 我不认可这一系列特征的理由之一是其中的内容太过宽泛和混杂。有些特征,像纪念性建筑,可以由考古证据清晰地记录下来,但也偶尔会在蒙昧的民族中发现。还有一些,像精准科学和预测科学,很大程度上是对证据的解释,而这些证据充其量是零碎的和模糊的。另外一部分,甚至可能是大多数,显然是通过一个渐进累积的过程出现的,而这使得区分程度上的差异与性质上的差异变得困难。此外,这些特征在作为城市革命的诱因,甚至作为指标的重要性上,彼此相去甚远。例如,具象艺术的再次出现——事实上,首次描绘人的形象——与城市革命并没有

最显而易见的直接联系。

我对任何类似主张的一个更基本的批评是,这些特征本身的包容性与它们的目的之间存在根本的矛盾。柴尔德呼应摩尔根,试图通过一系列特征来认识城市革命,使专家可以方便地识别这些特征的痕迹。对摩尔根来说,他设计了一个合理的程序来实现他的目标,即最初对于人类演化诸阶段的描述;而柴尔德则开始将重点放在了提出解释性的论说。(Adams 1966,10—11)

最近,惠特利(Wheatley 1972,612)提出了一个重要观点——这十个特征之间几乎没有功能上的相互关系。像亚当斯一样,他认为这些特征本质上是描述性的,而不是解释性的,因此对理解城市革命的过程并没有太大价值。然而,需要注意的是,亚当斯和惠特利都指出,通过这一系列特征,柴尔德将城市化的主要原因视为技术的发展和作为资本的食物剩余的累积(Adams 1968,12;Wheatley 1972,612)。

或许柴尔德关于城市化的论述中最关键的问题在于青铜冶金和城市革命之间的关系,换言之,柴尔德认为这一重大技术变革在多大程度上促进了人类向城市社会过渡。1930 年,柴尔德出版了《青铜时代》,他试图将这个考古时代作为经济和技术发展的一个重要阶段进行阐释。青铜冶金学不仅标志着一项重要的技术突破,还提供了规律和广泛的贸易(1930a,7)。此外,他认为对内和对外商业的发展也预设了一定程度的政治稳定(1930a,9)。

在《人类创造自身》(1936)中,柴尔德将青铜冶金列为为城市生活铺平道路的几项发明之一。

第二次革命将一些自给自足的小村庄变成了人口众多的城市,由第二产业和对外贸易滋养,并形成了稳定的城邦(States)。

我们可以从史前史中窥见这次转变的某些诱因,尽管模糊不清。这场转变发生于尼罗河和恒河之间的半干旱地区,划时代的发明以不可思议的速度接踵而至,相比之下,第一次革命之前的几千年,甚至是第二次革命和现代工业革命之间的四千年,文明的进步都显得十分缓慢。

公元前6000年至前3000年间,人类学会了利用牛力和风力,发明了犁、轮车和帆船,发现了熔炼铜矿石的化学过程和金属的物理性质,并开始编制精确的太阳历。人类已经为城市生活做好了准备,并为一个需要文字、计算和测量标准等工具来传播知识和精确科学的文明铺平了道路。在历史上,直到伽利略时代,才又一次出现如此迅速的知识进步和如此频繁的重大发现。(1936a,118,119)

1942年,柴尔德再次提出了相同的论点。

102
   冶金、轮子、牛车、驮驴和帆船为一个新的经济组织提供了基础。(1942a,79)

根据柴尔德的说法,青铜冶金的发明本身并没有带来城市化,而是影响了城市革命的几项重大技术变革之一。很明显,柴尔德认为这是至关重要的发明。青铜不仅是第一个成为必需品的奢侈品,并且需要全职专业分工和社会剩余的大规模集中(1954b,46)。在柴尔德看来,后者是乡村向城市生活转变的一个基本要素。

柴尔德认为,剩余可以通过两种方式积累,两者并不相互排斥:

要么,每个农耕单位在不增加消耗的情况下生产更多的粮食,要么,单位的数量需要成倍增加,这样每个单位生产的有限剩余就可以某种方式集中起来,增加可供分配的总量。(1954b,46)

柴尔德认为是第二种方式引发了城市革命。在这个前提下,他认为灌溉在提高产量方面发挥了重要作用。

这场革命首先发生在亚热带国家,显然不是偶然的。在那里,精耕细作使得即便很小的土地也能养活大量的人口。特别是尼罗河流域、底格里斯-幼发拉底河下游和印度河及其支流的农耕灌溉,使每亩产量格外高,人口密度相当大。(1954b,46)

然而,他认为,不是产量的增加本身,个体产量的集中才是城市革命发生的关键因素。此外,他认为灌溉工程需要集中大量劳动力来合作挖掘运河和建设堤坝。

柴尔德去世之后,灌溉在城市革命中的作用被重新认识。目前,学界普遍认为,建造和维护简单的灌溉系统既不需要庞大的劳动力,也不需要复杂的管理制度。然而,一些学者仍然认为灌溉农耕是城市进程中的一个重要因素。例如,弗兰纳里计算了伊朗适合狩猎采集的土地占比为30%、旱作农耕的占比为10%,灌溉农耕的占比为1%。并且他发现了与这三种土地类型相对应的人口的大幅增长。因此,他认为导致社会分层的是人口规模和关键土地面积之间不断扩大的差距,而不仅仅是农耕产生的剩余(Flannery 1972)。另一派认为大规模灌溉的引入是王朝国家组织出现的结果,而不是原因(Adams 1968,68f.)。最近,琼·奥茨(Joan Oates)则指出,实际的情况可能更像是螺旋上升,而不是非此即彼的关系。

> 社会的分化带来了美索不达米亚后来的官僚制度,这种分
> 化最初依赖粮食剩余,而灌溉不但增加了粮食剩余,而且首次保
> 证了粮食的安全。这种经济形势肯定促进了社会和政治的发展,
> 从而使更大规模的水利计划成为可能。(Oates 1972,306)

与新石器时代的革命一样,柴尔德参照一个数据标准来判断城
市革命是否成功(1936a,160f.)。然而,虽然他认为相当大的人口增
长意味着城市革命的成功,但他并不完全欣赏获得这一成功的手段。
如前所述,他认为城市革命的代价很高,即社会被分成利益对立的经
济阶层,占人口少数的国王和祭司统治大多数人。他也认为,正是阶
级结构的僵化阻碍了东方的进一步技术进步。

04 历史理论

柴尔德在同时代考古学家中独树一帜,不是因为他从考古记录
中做出历史推论,而是因为他对这些推论本身,即历史解释和历史说
明有直接的兴趣。正是在三十年代,他第一次明确表示,他打算按照
马克思主义的历史观解读考古资料。

> 旧式的历史,往往聚焦于王权和战争,而忽视科学发现和社
> 会环境。而旧式的史前史,则认为其唯一的功能是追溯人类迁徙
> 和找寻文明的摇篮。最近,历史变得少了很多政治色彩,少了一
> 些阴谋、战争和革命的记录,多了一些文化色彩。这就是所谓的
> "唯物史观"(materialist conception of history)的真正含义——正
> 如科尔(Cole)所说,"现实主义史观"(realist conception)更为恰
> 当——它突出了经济组织和科学发现当中的种种变迁。(1935c,
> 9—10)

有意思的是,柴尔德认同科尔,将马克思主义视为现实主义而不是唯
物主义世界观。科尔曾在 1934 年提出,"唯物史观"这一概念从根本
上是误导性的,因为它意味着主张物质高于精神,甚至完全否认精神
的存在(Cole 1934,14—15)。然而,历史唯物主义不仅接受心灵或意
识的存在,而且认为它是历史进程中的一股重要力量。科尔这样论

证道：

> 马克思称自己的历史观是"唯物主义的"，因为他决心将其
> 与黑格尔及其追随者的形而上学唯心主义（metaphysical
> Idealism）划清界限。马克思称为"唯物主义"的，在我们这个时
> 代都可称为"现实主义"，因为我们更习惯于把现实主义，而不是
> 唯物主义，与作为哲学观点的"唯心主义"进行对比。（Cole
> 1934，16）

1934 年，柴尔德第一次访问苏联，他后来在《回顾》中写道，正是
在那时，他开始意识到马克思主义作为历史阐释模型的潜力（1958a，
71—72）。但柴尔德并没有完全被苏联理论所吸引，他尤其反对苏联
信奉的狭义的演化论（narrow evolutionism），而强调传播作为文化变革
机制的重要性。

我们需要记住，在二十世纪上半叶，演化论和传播论通常被视为
两种截然不同并且相互独立的历史观，秉持不同的哲学态度，不论是
关于人的本质还是历史进程的方向。传播论认为人类生性保守而不
善于创造，因此文化变迁只在特殊情况下发生。与此同时，尽管现代
人拥有更加先进的工具和技术，传播论者一般认为原始人在精神上
优于现代人。另一方面，演化论认为人类生来喜爱变化，将"进步"看
作历史进程的主要特征（Harris 1968；Trigger 1978，54—74）。

然而，苏联对传播论的排斥反而促使柴尔德对传播论的证据进
行更细致的考察。

> 当发现两种文化中出现类似的工具时，我们必须首先确定
> 这两种文化各自的相对断代关系，才能判断能否将其认定为文

化传播的证据。…… 传播的可能性可能随着地理空间和数量上的探索而增加。…… 空间联系和共同特征的发现进一步巩固了文化间传播的可能性。(1935c,13—14)

此外,柴尔德在接受传播作为一种变革机制的同时,却与同时代英国和德国的传播学派划清界限,在他看来,这些学派在方法论上经不起推敲。"为了证明传播,他们常常依赖表面的相似性和抽象的共识。"(1935c,13)

在接下来的几年里,柴尔德对传播的含义进行了更深入的研究,并试图将其整合到一个整体的演化论观点中。作为他主要论点的前提,柴尔德提出演化和传播之间没有矛盾。相反,他认为传播在本质上是一种"思想汇集",能够有效地"从多方面建立人类文化资本"(1937c,4)。换言之,传播是社会演化的一个重要机制,是"进步的一个关键时刻"(1937c,14),在他的整个职业生涯中,柴尔德保持着对进步的坚定信念,正是这种信念将他的思想与马克思、达尔文、斯宾塞和整个演化论思想传统联系起来。

在《方法与目的》中,柴尔德强调,历史学的一个主要的目的是定义进步。而在这个意义上,他认为考古学至关重要。

显然,考古学可以让历史研究在没有文字记录的更广阔领域得到丰富和延伸。而如果历史学真的能够履行其职能,这种延伸和丰富是必不可少的。

这些职能一定包括定义何为"进步"。当然,问"我们进步了吗"并没有什么意义——答案只能是肯定的。而历史学的任务是回答我们究竟取得了怎样的进步,应该用怎样的标准来判断。但是文字记录太过零散、片面、琐碎。要做出不带个人偏见的判断,我们必须在文字记录之外的更大范围内进行考察。在文字记录所反映的有限时间跨度之内,历史偶然起伏的影响如此巨大,以至于我们很难对总体趋势进行把握。而考古学则可以不仅在有文字记载的 5000 年间,而是在 50 万年间,考察人类物质文化和经济种种变迁。这个时间跨度足够让我们以准确的比例对待历史的偶然性。(1935c,10—11)

第二年,在《人类创造自身》(1936)中,柴尔德再次讨论了关于进步的问题。他想说明,从完全客观的科学角度来看,不论是在经济萧条时期还是维多利亚繁荣的顶点,历史都可以证明进步信念是正确的。在这种背景下,他抨击了同时代人作品中明显的被他称为悲观或神秘主义的态度。

107

　　有些人倾向于,像古希腊人和罗马人那样,留恋原始淳朴的"黄金时代"。罗马天主教传教士当中的德国"历史学派"及他们的考古和人类学导师们,通过品尝"知识之树",用科学的语言复兴了中世纪"人的堕落"(Fall of Man)学说。一些英国传播论者的作品中也隐含了类似的观点。(1936a,1—2)

与此同时,他反对德国的进步观,将人类文化的进步与先天基因品质的进步等同起来。

　　另一方面,希特勒和他的学术支持者公开宣扬的所谓法西斯主义哲学,有时在英国和美国伪装成优生学,将进步与同样难以定义的生物演化等同起来。(1936a,2)

柴尔德因此意识到进步概念的主观性。

> 作为科学家，我们不能问历史（History）："我们进步了吗？"
> 飞机、水电站、毒气、潜艇这类机械装置的倍增，是否就意味着进
> 步？像这样表述这个问题是没有任何科学意义的。答案也没有
> 办法达成任何一致。这完全取决于提问者当时的经济状况，甚至
> 健康状况。（1936a,2—3）

为了将进步的概念从主观主义中解救出来，柴尔德提出我们不应该
问"我们进步了吗？"，而应该问"什么是进步？"，因为他认为后者存在
一个客观的答案。

> 问"我们进步了吗？"是不科学的，因为每个人的答案都不一
> 样，个人倾向便无法消除。但我们或许可以问"什么是进步？"，
> 对此我们或许可以科学所重视的量化的形式给出答案。但如今，
> 进步变成了实际发生过的事情——"历史"的内容。历史学家的
> 任务是揭示他所处理的漫长而复杂的一系列事件中的本质和意
> 义。（1936a,4）

然而，从上面这段话中我们能够明显看出，柴尔德最终得到的与 108
其说是一个进步概念的客观定义，不如说是去除了进步概念中任何
有关提高（advancement）或改善（improvement）的含义。因此有意思的
是，他从来没能完全放弃这个概念。

像"进步"和"衰落"这样的概念并非科学概念，而是形而上学概
念。哈里斯（Harris）就曾从科学的角度指出，我们称某个特定趋势是
"进步的"或"倒退的"，并不会给这个现象本身增加或减少什么。

我们以大陆冰川作用带来的变化为例。随着冰川消退,我们可以认为地球呈现出向热带气候的发展,而我们同样可以将这个变化视为极地气候的衰退。以同样的逻辑,我们可以将美国农耕近来的发展描述为向公司垄断的一种进步,或小农经济模式的衰退,这两种解读方式的差异本身没有任何科学意义。(Harris 1968, 37)

在《人类创造自身》中,柴尔德强调,史学家的个人观点不仅影响了他对进步的理解,也影响了他对过去的整体看法。根据柴尔德的说法,这一点在当时英国流行的政治模式当中体现得尤为明显。

事实上,古代史和英国史往往只作为政治史呈现——只记录国王、政治家、士兵和宗教人士的活动,记录战争和迫害,记录政治机构和教会制度的发展。这样的历史也的确会偶尔提到每个"时期"的经济状况、科学发现或艺术运动,但这些"时期"是由王朝或党派的名称来命名的,带有很强的政治色彩。这样的历史很难变得科学。显然,其中并没有不受个别学者偏见影响的独立比较标准。伊丽莎白时代主要是英国国教会成员眼中的"黄金时代"。对罗马天主教徒来说,能烧死新教徒的时代似乎更好。(1936a,6)

正是此时,柴尔德引入马克思主义历史观来替代这种政治史模式,也作为一种更客观的世界观。

109

所幸,政治史对历史的专属开始受到挑战。马克思认为经济条件、社会生产力和科学的应用是影响历史变革最重要的因素。

> 在马克思主义的其他主张不断引发政治激情的同时,他的现实
> 主义历史观正于远离党派政治的学术界中逐渐获得认可。
> (1936a,7)

但是柴尔德并没有解释清楚他的经济模型如何克服历史观念中固有
的主观性问题。相反,他认为这是不言而喻的,直到学术生涯的相对
较晚阶段,他才再次关注这个问题。在《人类创造自身》中,他的主要
论点是马克思主义框架适用于史前史研究。

> 这种历史观当然可以与史前史研究联系起来。考古学家收
> 集、分类和比较我们祖先和先辈创造的工具和武器,考察他们建
> 造的房屋、耕种的田地、吃的食物(或者更确切地说是没吃的食
> 物)。这些生产所用的器物和工具,为我们描述了没有文字记录
> 的经济体系的种种特征。(1936a,7)

他特别强调了汤姆森模型的重要性,后者主要根据切割工具和武器
所用材料,柴尔德认为这些是最重要的生产工具。此外,根据柴尔德
的说法,马克思主义正是将这一因素作为历史进步中的决定性力量。

> 现实主义历史坚持它们(生产工具)在塑造和决定社会制度
> 和经济组织方面的重要性。(1936a,19)

在这一点上,柴尔德似乎是在对马克思主义进行技术性解释,而不是
社会学或经济学解释。当然,在某种程度上,这取决于他使用的材料。
作为史前考古学家,他有生产技术的直接证据,而生产关系(relations
of production)或生产方式(mode of production)则更加难以捉摸,需要

从考古数据中推断出来。然而,同时代的苏联考古学家并不受这种考

110　虑的约束,他们对史前的分期建立在"生产关系"的基础上(见下文,
本书边码 153)。

　　在 1942 年出版的《历史上发生过什么》一书中,柴尔德再次讨论
了唯物史观,而这次将其描述为一种经济模式,而不是技术模式。在
这里,他关注的是强调意识形态和经济之间的相互作用,特别是前者
对后者的影响。他认为意识形态的功能是将社会团结在一起,使其运
转顺畅,在这个层面上,它对技术和器物产生影响(1942a,23—24)。
因此,他像同时代的功能主义者一样,强调社会中的综合(integrative)
因素,而不是矛盾(contradictory)因素。

　　　　即使是物质文化研究者,也必须把一个社会看作一个合作
　　组织,这个组织会创造条件满足自身需求,实现自身的再生产,并
　　创造新的需求。他希望看到这个社会的经济如何运转。经济影
　　响着意识形态,也反过来被其所影响。(1942a,23f.)

　　从上面的讨论可以看出,从三十年代开始,尽管柴尔德有意识地
采用了特定的历史模型,但他在二战之前和二战期间对历史理论的
处理十分有限。除了在《方法与目的》中简短地提到他所说的现实主
义历史观之外,他只在通识著作导言的某些段落中提到了这个问题。
直到战后,他才开始深入研究历史理论,关于这一主题的第一篇文章
是《历史的理性规律》(Rational Order in History,1945),正如标题所
示,这篇文章关注的是历史进程的模式和规律。

　　在这篇文章中,柴尔德重点阐释基于世界观(world outlooks)的历
史模型的不足之处,在他看来,这些模型不承认历史进程中变化的事
实。直到更晚近的作品中,柴尔德还认为在历史进程之外寻找一个永

久的现实是大多数历史模型的一个特征。

> 在史学史中,就像在科学史中一样,我们可以追溯人类的不懈努力,为的是寻找在现实生活中所经历的种种变化背后,一个不变的永久现实,一个在混乱表象背后的恒久秩序,一个在层出不穷的事件之上的超越性统一。(1945c,22)

对柴尔德来说,这种统一是世俗的还是宗教的,都无关紧要。 111

> 假如你已经承认存在这样一个凌驾于历史进程之上的秩序,那么你具体称其为耶和华、演化论还是经济法则,又有什么区别呢?(1945c,24)

柴尔德认为,所有这些理论都已排除了历史进程中任何真正的新事物出现的可能性(real novelty)。例如,在古希腊,他认为:

> 真正的现实 …… 被认为是一套永恒的法则,消除了所有真正的变化。人类历史也应该是周而复始、循环往复的,其中所有的事件归根结底都可以被视为永恒先验法则反复出现的例证。(1945c,23)

同样,在现代:

> 巴克尔(Buckle)和许多继任者试图用地理和气象学来解释历史,而种族主义者则援引体质人类学——"血统和土地"。双方似乎都希望地理和人类生物学能够简化为不变的法则,即便

不能够像物理或化学那般精确。古典经济学家也归纳出了
能——或许不能——充分描述早期工业化的运作的经济规律。
经济史学家继续将这些规律提升为法则,赋予压倒一切的影响
力,并援引它们来解释所罗门或梭伦的政策!(1945c,23)

在这种背景下,柴尔德认同德国唯心主义哲学家黑格尔对改变和创
新的接受,以及他将历史视为一个创造性过程的观点。

> 黑格尔确实试图把人类和宇宙的历史呈现为一个创造性的
> 过程,在这个过程中出现了真正前所未有的价值、品质和事件。
> (1945c,24)

但柴尔德认为黑格尔的局限性在于,他预设了一个存在于过程之上
的、超越的统一(transcendent unity)。

> 对他来说,历史过程成为绝对观念(Absolute Idea),按照其
> 自身永恒的本质,即逻辑的"思维定律"(laws of thought)的自我
> 表现。因此,绝对观念像神一样被提升到历史过程之上,因此这
> 个过程必将以一种预定综合(predetermined synthesis)达到顶峰。
> (1945c,24)

112   在柴尔德看来,超越的想法是不必要的,因为对他来说,历史本质
上是一个自给自足的过程,有其内在的秩序。

> 历史进程不受任何外在规律的约束。相反,历史创造自己的
> 规律,它不必符合任何严格的数学原则,但表现出一种不断发展

的秩序,这种秩序在一定程度上能够被理性把握。(1945c,25)

柴尔德强调,把握这种历史秩序存在一定困难,因为这种秩序不能用类似物理或化学的规律来表达,后者在用于特定的实际目的时,通常被认为是不可改变的。而柴尔德认为,历史定律(他将达尔文的自然选择学说也包括在内)几乎无法运用于预测。

> 不像运用万有引力定律一样,你无法根据达尔文的自然选择学说或马克思的唯物主义概念,推导某个特定的事件。它们只能在混乱的表象之中为理解秩序提供一些线索。借助这样的概念,历史学家可以发现某些趋势,而不是一致的规律。(1945c,26)

然而,像马克思一样,柴尔德确实相信人可以意识到自己在历史进程中的作用,从而进入一个新的发展阶段。

> 我们至少可以设想一种历史秩序,这种秩序是由人类主体在这一过程中的理性合作有意识地发展出来的。我想,马克思称当代社会为"人类社会史前阶段的最终章"就是这个意思。(1945c,26)

在两年后的1947年出版的《历史》(*History*)中,柴尔德首先比较了自然科学和社会学的规律。前者可以在实验室进行经验测试,而后者并非如此。

> 如今,没人能在经济、政治或国际组织研究中进行这样的实验,这是千真万确的。我们不能像实验物理学、遗传学或医学中

那样,通过设定条件来分离出一个变量,从而发现一个单一的"原因"。类似国联(League of Nations)、建筑行会(Builders' Guild)和各种合作团体(Co-operative Commonwealths)这样的所谓的实验,远远无法达到实验室的条件。…… 即便是比较社会学,旨在探究大量"实例"中反复出现的普遍原则和普遍规律——尽管这些实例之间的区别可以忽略不计——也不会取得什么进展。一方面,实际观测到的和能够观测到的实例数量非常有限;另一方面,这些实例在多大程度上是相互独立的也值得怀疑。(1947b,2f.)

应该强调的是,对柴尔德来说,科学法则的价值在于可以为行动提供准则(1947b,3)。因此,随着人类科学知识的发展,知识的实际应用也在不断发展。

众所周知,人类通过了解自然来掌控自然。这种掌控与相应的自然科学知识的系统化发展齐头并进。当几何、力学、物理和化学等实验科学的成果投入应用时,发展最为迅速,并且通过在医学、遗传学、农学等学科中采用实验方法而进一步加速。(1947b,2)

在这里,他认为人类在社会科学领域没有取得相应成功,是因为无法理解社会如何运作。

人类在相对成功地控制自然环境的同时却无法掌控社会环境,我们有理由推测其中的反差是,由于缺乏一种关于社会的科学,而社会学未能真正成为一门经验学科,并且我们无法在实验

室条件下关于人际关系进行实验。(1947b,2)

然而,尽管不能进行实验,柴尔德对发现历史定律的可能性并非全然悲观:

> 人类自诞生开始,不但为如何控制自然,而且为如何通过合作实现这种控制,而不断地进行着尝试。这些尝试的结果一方面体现在考古记录中——过去的具体遗迹和纪念碑——另一方面通过口述、图像和文字被记录了下来。(1947b,3)

历史学是对所有这些材料的科学研究。用柴尔德的话说:

> 历史应该是一门进步的科学,尽管不一定是像物理那样的精确科学,也不一定是像解剖学那样的抽象描述性科学。换句话说,历史所揭示的秩序(order),即便不像数学定律或其他普遍的规律,也应像天文学或解剖学一样,能够以自己的方式被理解。(1947b,3)

114

我们需要在构建历史定律是否可能的语境下,理解柴尔德关于历史进程的观点有何含义。一方面,他坚定地认为不存在能够用于预测的历史定律,因为假如存在,会与他关于历史是创造性过程的基本前提产生矛盾。而另一方面,他也不想说探究历史定律的尝试是没有任何价值的。事实上,他强调历史进程中有一种模式是可以为理性所把握的。对于柴尔德来说,如果历史当中不存在逻辑模式,那么历史研究就是多余的。

那么历史学家的任务就是确定有趣的历史事件,并按照时间顺序,用文学的形式进行记述。

如果是这样的话,我很难理解研究历史是为了什么。如果只是为了吸引读者的兴趣,为什么不像小说家那样虚构故事呢?(1947b,33)

根据柴尔德此时的说法,历史学家的目的是发现历史进程中的模式和规律,而不仅仅是记录或描述事件。为了强调这一点,他将断代和历史做了区分。

断代是记载"在哪一年,发生了什么";而历史还必须展示"事件的缘由和起因"。事实上,历史必须呈现一个时间顺序之外的秩序。(1947b,34)

在《历史》中,柴尔德用了大部分篇幅分析关于历史秩序的四种不同观点,从神学概念到历史唯物主义。而柴尔德首先解释了历史学家在史学史传统中的角色。他提出了两个基本观点:第一,历史学家几乎总是属于统治阶级,或者至少与统治阶级关系密切。

最早的苏美尔书吏来自神庙祭司和城邦守护神的神仆,而城邦守护神又是城邦中最大的土地所有者 …… 在埃及,法老是神的化身,书吏阶层包括法老的官员或贵族的代理人 ……

中世纪的书吏和苏美尔的抄写员身份十分类似;在希腊和罗马帝国……历史的作者一般都是富裕公民。即使在同一时期的英国,历史书籍的主要读者也是由统治阶级及他们在中产阶级当中的追随者和模仿者组成的。(1947b,21—22)

从分析历史学家的阶级定位开始,柴尔德用经典马克思主义方法处理历史理论。马克思本人特别强调知识的阶级性。

> 统治阶级的思想在每一时代都是占统治地位的思想。这就是说,一个阶级是社会上占统治地位的物质力量,同时也是社会上占统治地位的精神力量。(Marx ［1845］ in Bottomore and Rubel 1956, 78)

后世的马克思主义传统都或多或少对此有所呼应(Jordan 1967)。

第二,柴尔德认为,历史的写作一定取决于史学家如何选择有纪念意义的重要历史事件。而这种选择往往取决于史学家所处的社会环境,尤其是他的社会阶级。

> 没有史学家能试图记录所有发生过的事件;他必须从众多的事件当中选出哪些值得被记录。这个选择与他个人的秉性关系不大,而主要依据学科传统和社会利益。事实上,除私人回忆录和日记之外,哪些事情值得写入历史是整个社会的选择,由整个社群的利益所决定,或者更准确地说,由社群的统治阶级来决定。(1947b,22)

在这一点上,柴尔德并不关心主观性的问题,他认为:

> 要求历史绝对客观是没有意义的。历史的写作者不能不受所属社会的利益和偏见的影响——包括他的阶级、民族,以及宗教信仰。(1947b,22)

　　然而,应该指出的是,后来,当他进一步深入这个问题时,他似乎
将马克思主义从主体性困境中排除出来(1949c,309)。

116　　　如上所述,在《历史》中,柴尔德的主要意图是分析历史秩序的四
个主要概念,并将其分类如下:

　　1."历史秩序的神学和巫术概念";

　　2."历史秩序的自然主义理论";

　　3."作为比较科学的历史";

　　4."历史作为创造性的过程"。

在考察这些类别的具体内容之前,值得先思考一下这个分类本身,一
个显著的特征是,不同类别密切联系着不同的哲学世界观。

　　"神学和巫术"(第一类)对应的是最广泛意义上的唯心主义世界
观,主张"精神"和"意识"为世界的第一性质,物质被视为第二性质。
历史的自然主义理论和作为比较科学的历史秩序(第二、第三类)对
应经验主义,将物质视为第一性的,心灵为第二性的。历史作为一个
创造性的过程,即马克思主义(第四类),对应的是辩证唯物主义。遗
憾的是,柴尔德并没有对他的分类基础做明确界定,因此我们只能根
据文本推断他的历史概念与哲学理论之间的联系。

　　好在这并不困难。乔治·汤姆森(George Thomson)在《现代季
刊》(*The Modern Quarterly*)发表的关于《历史》的书评当中,就发现了
这种联系,并将其阐释为一个明显基于三种不同哲学系统的分类
体系。

　　　　这本书的主要内容是考察关于历史秩序的三种不同概念,
　　即"神学的""自然主义的"和"科学的",分别对应主观唯心主
　　义、机械唯物主义和马克思主义。(Thomsen 1949,267)

借此,汤姆森阐明了原文中隐含的信息。他无疑在柴尔德的分类和背后的哲学体系之间建立了一个清晰的对应关系,而这同时也是对柴尔德的一种误读,因为柴尔德原本的分类并非如此清晰和确定。如上所述,柴尔德区分了四种主要的历史秩序——神学的、自然主义的、比较的和创造性的——而非三种。因此,为建立他的对应关系,汤姆森 117 不得不把历史作为比较科学的一章归入自然主义理论当中,而柴尔德则更愿意将这两者区分开来。柴尔德论述的"比较"理论并非"自然主义的",因为他的目的不是将自然科学的规律应用于历史过程,而是试图通过历史过程的不同部分之间的比较来产生描述性规律。然而,这个问题很复杂,因为柴尔德在这两个类别中都列入了周期性理论(cyclical theories)。因此,汤姆森的阐释也似乎有一定根据。

一　历史秩序的神学和巫术概念

柴尔德对神学历史观主要的批评是,历史规律的来源被认为是外在于历史过程本身,而非内在的。柴尔德认为这无法用科学方法来验证,因此否定了这种历史观。

> 神统治下的世界当然给历史以统一,所有重大的历史事件都归结为一个原因——神的旨意。但这种统一的原则不能通过历史来证明,也不能从历史当中推导,而必须来自外部。这种统一是由信仰支撑,而不是由理性所理解的。因此,这种观念无法被置于任何历史科学当中,而是属于其发源的前科学时代。(1947b,36—37)

柴尔德将"巫术"和"宗教"区分如下：

> 巫术让人相信他们会得到自己想要的东西，而宗教则说服
> 人们对自己实际得到的东西感到满足。（1947b,37）

因此，他认为巫术比宗教更原始、更古老。柴尔德将伟人理论（Great
Man theory）视为一种巫术史观，乍一看有些难以理解，而其实这个主
张与上古时代神圣王权的地位有关。

> 在青铜时代的埃及、美索不达米亚和中国这样的神权君主
> 国中，国王不仅要制定法律、维持社会秩序，他还需要对国家的福
> 祉负责。在古埃及，只有法老才能通过仪式和巫术，保证太阳升
> 起，尼罗河周期性洪泛，以及庄稼、牲畜和猎物的丰产。
> 根据这样的观念，将国王视为影响历史的一个重要因素是
> 完全合理的。因此，古代王家编年史是今天仍然流行的"伟人"
> 史观的最初的范例。（1947b,37—38）

118

柴尔德认为这种"伟人"史观一直延续至今，尽管如今的"伟人"已经
摆脱了对神的依赖。柴尔德明确表示，他认为这种主张否定了寻找历
史规律的可能。

> 很明显，如果这种能够引发剧变的人物时不时神秘地出现，
> "改变历史进程"，并"将历史带入一个全新的轨道'"，那么任何
> 关于历史秩序的概念都没有意义了。（1947b,40）

在柴尔德看来，"伟人"命题的根本缺陷在于无视"伟人"是在什

么样的社会、经济和技术背景当中发迹并施展抱负的。"伟人"像盒子里蹦出的玩偶一样，从默默无闻到奇迹般地横空出世，改变了历史的进程。因此，柴尔德倾向于认为"伟人"其实并没有那么重要，并引用恩格斯来支持自己的论点，"假如不曾有拿破仑这个人，那么他的角色是会由另一个人来扮演的"（1947b，42）。虽然柴尔德承认这只是一个假设，无法检验，但他强调"历史的客观事实是，当历史需要一个人的时候，他一定会出现"（1947b，42）。

值得注意的是，这与柴尔德对发明家的看法是相关的。他再次强调了社会整体的重要性，而不是个人。例如，他认为瓦特对蒸汽机发明的贡献，与他所继承并做出贡献的"社会资本"相比是微不足道的，因为这个"社会资本"包括了一个社会所积累的全部发明和发现，包括从旧石器时代人类掌握用火，到铸铁、阀门等最新技术发展（1947b，12）。

二 历史秩序的自然主义理论

根据自然主义的历史秩序理论，柴尔德主要处理四种类型的历史秩序，他称之为几何的、地理的、人类学的和政治的。柴尔德定义的 119
自然主义史观，既包括试图用历史事件印证类似数学或天文的定律的理论，也包括用某个抽象而恒定的主题来描述历史秩序的尝试（1947b，43）

几何学历史观（*Geometrical History*）：柴尔德将几何学史观解释为用数学规则来理解过去。例如，循环式历史观（cyclical history）最先出现在古典哲学中，并由柴尔德同时代的斯彭格勒（Spengler）发扬光大。循环式史观认为，历史进程是一个周而复始，而非向前进的道路。与"伟人"史观一样，柴尔德的批评主要针对忽视社会的技术和经济基础。

> 一旦历史学家将其考察范围扩大到科学、技术，甚至那些直接依赖技术的其他方面，将人类历史的某几个时期进行类比的行为的肤浅性便暴露无遗。
>
> 在这些方面，历史显然不是一个循环，而是一个不断累积的过程。历史的每个方面都确实如此。（1947b，46）

地理学历史观（geographical history）：基本上，柴尔德认为，地理环境虽然是解释人类文化多样性的重要因素，但不能解释历史变迁。用柴尔德的话说：

> 看看不列颠人多久才开始真正用煤作为燃料，尽管它的可燃特性从大约 3000 年前的青铜时代就已经为人所知了！（1947b，49—50）

那么，根据柴尔德的说法，在试图解释历史过程时，地理环境应该被考虑在内，但只能作为历史发展的背景，而不是决定性因素。虽然柴尔德曾在其他作品中强调文化是对环境的适应，但他在这里明确表示，他认为两者之间的关系是相互的。人类不仅一直在适应他们的环境，并且"在整个历史中，不断尝试让环境——甚至气候——适应他们的习惯和需求"（1947b，50）。

120 　　这又是一个经典的唯物主义立场，概括了马克思辩证方法的根源，即人与自然的相互作用。马克思认为环境是塑造人的天性的一个重要因素。然而，与经验主义者不同，他不认为人的角色是完全被动的；相反，他强调人为改变环境，并在同时改变自身时所做的种种实践行动(Schmidt 1967;Jordan 1967,16—64)。

人类学历史观(anthropological history):柴尔德所称的"人类学"史观的基本观点是,人类不同种族的内在品质是固定不变的。柴尔德说,这不仅是一种古老的信仰,可以追溯到《圣经》中关于"上帝选民"(chosen people)的概念,而且从一开始,就与某些民族或种族固有的优越感密切相关。此外,他强调,这种观念又反过来被用来为历史上许多种族主义政策做合理化辩护(1947b,50—57)。

柴尔德认为,随着十九世纪达尔文演化论的发表,由于生物学概念在历史过程中的错误应用,"人类学"历史观获得了准科学的地位。如前所述,他对这种理论在政治中的作用十分关切,因此认为厘清生物演化与文化演化之间的关系具有实践和学术重要性。

作为政治经济学面向的历史(history as a department of political economy):柴尔德将政治经济学规律追溯到文艺复兴和新兴资产阶级的崛起。他认为,这些规律全部基于某些"先验的"真理,其中之一便是利己主义动机,而"经济人"(economic man)的概念正由此产生。

> 通过夸大这种人道主义倾向并将其结果理想化,英国工业革命时期的资产阶级经济学家创造了一个怪物——经济人。从经济人的所谓"天性"中,经济学家推导出某些"永恒的定律"来支配人类社会生产和商品交换的一切活动,就像牛顿定律支配行星和台球的运动一样。(1947b,57)

柴尔德对这种历史的经济学解释提出了两点批评。首先,他对"经济人"仅受物质欲望驱使的基本前提提出了质疑,指出这个概念在刚出现的时候便受到了挑战。但可惜的是,柴尔德并没有明确解释为什么他认为这个概念是一个神话,而只认为这是不言而喻的。这尤其令人

121

遗憾,因为柴尔德本人受到了经济决定论的强烈影响,尤其是在三十年代和四十年代初他写作《人类创造自身》和《历史上发生过什么》的时候。

其次,尽管柴尔德承认这些规律的科学性,因为是基于观察到的经济过程,但他认为它们只适用于一个特定的制度,即资本主义,而不能扩展到其他经济时期。

> 只要经济规律是真正科学的,即能够准确描述商品是如何生产和交换的,它们就只适用于某个特定的经济体系。
>
> 事实上,亚当·斯密和他最早期的继承者试图描述的是工业革命早期的资本主义。他们实际上是新兴资产阶级制造商反对仍然占主导地位的土地贵族的学术支持者。他们在英美的后世传人,也同样支持资产阶级反对工会和社会主义运动中的工人。所有这些都明确预设了货物和劳动力的自由平等流动,因此默认了现代运输和通信手段,以及工人和雇主的法律自由。如果将这种技术和社会学假设的推论应用到中世纪早期,则明显是荒谬的,因为当时陆地运输仅限于驮马,农民被牢牢束缚在自己的土地上。(1947b,58—59)

柴尔德引用《资本论》(*Das Capital*)的后记:

> 当然,马克思"经济生活的一般规律,不管是应用于现在或过去,都是一样的"。他认为每个经济时期都有自己的规律。(1947b,58)

三　作为比较科学的历史

在这个标题下，柴尔德将两种不同的历史观归为一类，即他在上一章中讨论的"周期性"史观和"平行性"（parallelistic）史观。柴尔德　122认为，两者的相似之处在于都将历史过程的不同部分视为独立的单元，并对其进行比较。

> 如果人类历史可以被分割成许多连续或平行的片段，那么每一个片段都可以被视为广义历史的一个实例。通过比较这些片段，我们应该发现所有被考察的实例所共有的反复出现的特征。然后，通过对这些特征进行概念化的归纳，我们应该能得到一个抽象历史的具体描述。（1947b，61）

柴尔德对他先前对历史循环论的批评并没做太多补充，但指出这种方法经不起实践的检验。这里，他特别提到了斯彭格勒在《西方的没落》（*The Decline of the West*）中的预言，他预见了恺撒主义的复兴——"一个日耳曼极权主义的世界-国家，预示着希特勒在 1939 年试图强加给这个忘恩负义的世界的新秩序"（1947b，62）。柴尔德认为 1945 年希特勒的失败不仅在事实上驳斥了斯彭格勒的观点，也驳斥了整个历史循环论。

柴尔德对平行历史观的主要批评是，历史过程是一个统一的相互关联的整体，而非由离散的部分组成。

> 把历史分割成片段，标注为相互独立的不同"文明"，并将其视作能分别印证一般历史规律的实例——这样的方法是否合

理? 我们是否真的能够通过比较这些独立的片段,对它们所代表的事物进行归纳性的描述,就像根据对一定数量的人体的解剖分析而得出人体解剖图那样? 汤因比的"文明"概念不正像一个身体的手足或器官吗? (1947b,63)

他指出,为了证明分隔这些文明单元的合理性,汤因比必须尽量弱化它们相互之间的关系。此外,柴尔德重申了他最初对历史循环论的批评。

> 简而言之,为了证明自己的比较方法和推论有合理性,汤因比也像斯彭格勒一样,不得不选择无视那些人类历史上毫无疑问具有渐进性和革命性意义的活动。(1947b,64)

1941 年,柴尔德在《古物》(*Antiquity*)杂志发表《文明的历史》(The History of Civilization)一文,提出了一套取代上述历史架构的方案。他主张用考古时期代替政治地理单元。他认为这样既可以进行不同文明间的比较,也不会模糊它们之间的相互关系。例如,苏美尔、埃及和印度河文明可以被视为青铜时代文明的不同面向,而非完全没有联系的。此外,他认为通过考古学的框架,可以形象地描绘通向现代文明的连续渐进过程。这显然对柴尔德十分重要,如前所述,他的大部分研究最终关注的是现代文明与史前文明之间的关系。

四　历史作为创造性的过程

在《历史》的最后一章,柴尔德对马克思主义历史理论进行了简要的分析,他认为马克思主义是唯一一种既接受历史进程的多变性又接受其自足性的历史理论。因此,在这两个基本的面向上,马克思主义的历史理论是与柴尔德自己的哲学世界观相契合的。这一点或许需要特别强调,因为他之所以排斥马克思主义以外的各种历史理论,正是因为这些理论无法从这两个面向上描述历史进程。

在《历史》中,柴尔德明确指出,马克思主义的历史模型在根本上是建立在技术层面上的。

> 现在,历史秩序最简单的一个方面是人类通过不断发明更有效的生产工具和生产过程,不断扩大对外部自然的控制。马克思和恩格斯率先指出,这种技术发展是整个历史的基础,制约了人类所有其他的活动。(1947b,69—70;我强调的重点)

然而,他并没有否认社会关系在生产过程中的重要性。

> 事实上,在所有已知的社会中,在每一个有记载的历史时期,使用工具或机器来满足人类的温饱和其他需求的整个生产活动,一直是由或多或少数量的人共同合作完成的。不论情愿与否,如果想要一条面包,你必须通过与面包师及一系列其他人合作,甚至包括马尼托巴和爱荷华的小麦栽培者。(1947b,70)

124

这里柴尔德引用马克思来支持自己的观点:

> 人们在自己生活的社会生产中发生一定的、必然的、不以他们的意志为转移的关系,即同他们的物质生产力的一定发展阶段相适合的生产关系。这些生产关系的总和构成社会的经济结构,即有法律的和政治的上层建筑竖立其上并有一定的社会意

识形式与之相适应的现实基础。(1947b,71)

《政治经济学批判》序言(*Preface to the Critique of Political Economy*)中的上述段落被公认为马克思关于唯物主义历史原则的经典论述,通常被认为代表了马克思基于经济学,而非技术,对历史所做的阐释。而值得注意的是,柴尔德则根据技术因素对其进行诠释。

> 马克思主义继续断言,从长远来看,所有宪法、法律、宗教,以及其他人类历史活动产生的所谓"精神成果",都是由物质生产力——工具和机器——所决定的,当然还有自然资源及相应技能。因此,唯物主义史观为历史资料的分析提供了线索,并提出将历史现象简化为易于理解的秩序的可能。(1947b,71—72)

利雷(Lilley 1949,264)在《现代季刊》上发表《历史》书评,称柴尔德曲解了马克思这段话。因为马克思在这里明确指出,经济结构作为一个整体构成了社会的真正基础。然而,柴尔德的说法将社会的决定性因素局限于生产力,即技术工具与其所需的技能。然而,应当指出,柴尔德并不是唯一一个坚持对马克思主义进行技术解释的人,而马克思的某些论述也的确可以这样解释(Acton 1955)。但大多数的研究者认为,马克思主义是一种经济学模型,而非一种纯粹基于技术的模型(Saville 1973)。

125　　　柴尔德认为技术决定论是马克思主义的一个重要原则,但同时警告说,这条线索不能盲目使用。

> 只须对历史做简单考察,便能发现技术的不断进步与政治或宗教体制的腐朽之间总不幸地存在差距。首先,当"社会的物

质生产力发展到一定阶段,便同它们一直在其中运动的现存生产关系或财产关系(这只是生产关系的法律用语)发生矛盾。于是这些关系便由生产力的发展形式变成生产力的桎梏"。(1947b,72,引自 Marx 1859)

在这里,柴尔德援引了马克思主义关于革命作为破除生产力"桎梏"的手段的论述。但他强调,尽管生产力能够并且需要通过革命得到解放,但这也并非必然会发生。他列举了青铜时代某些社会出现的停滞现象。

在神权专制下的美索不达米亚、埃及和中国,与青铜时代生产力相适合的生产关系,直到铁器时代都没有变化。生产关系有效束缚了以铁为代表的新生力量的开发,导致这三个社会的技术和生活整体停滞不前,前两个最终彻底灭亡。从马克思主义的角度分析,我们只能推导出一个难题——革命或崩溃。历史并非向着预定目标一直坚定不移地前进。唯物主义的观点认为,如果科学技术要进步,生产关系就必须相应地调整。(1947b,73)

克里斯托弗·希尔(Christopher Hill)在《现代季刊》发表了一篇《历史》(1949)的书评,对柴尔德关于革命的论述提出了质疑,批评柴尔德没有充分强调革命将采取何种形式。柴尔德将革命理解为生产力和生产关系之间的"调整",而希尔则认为革命在本质上是阶级斗争。此外,他认为柴尔德对阶级概念的分析不够透彻。汤姆森应和了希尔的批评,并做了延伸,他认为柴尔德没有从阶级基础的角度分析不同的历史秩序,对他来说,这是《历史》最主要的弱点(Thomson 1949,267)。

126   或许柴尔德没有像他同时代的某些马克思主义者所希望的那样
关注阶级斗争,但他并非不理解阶级在社会中的作用,也并非不理解
阶级与意识形态的关系。如前所述,柴尔德写作《历史》的一个主要
目的是分析历史学家在历史研究发展中的阶级地位。他特别强调,历
史学家的观点往往受制于他所属的社会经济,而这个阶级通常是统
治阶级(见上文 p. 127ff.)。

　　柴尔德对阶级概念的处理并不像同时代的其他马克思主义著作
一样激烈,因此可能被某些同代人批评缺乏革命热情。而如今,那些
观点激烈的作品大多已经过时,其所谓"革命精神"被认为是刻板教
条,而非对马克思主义的真正理解。而柴尔德的作品在鲜明地认同马
克思主义立场的同时,从未沦为反资本主义的宣传材料,因此价值经
久不衰。

　　在《历史》和《历史上发生过什么》两部作品中,柴尔德都谨慎地
强调意识形态对历史进程的影响。他特别关注意识形态可能对技术
进步造成的阻力。

> 　　意识形态、宗教信仰、民族认同等事物可能会严重阻碍进步。……
> 历史上充斥着迷信阻碍科学及其应用的例子;众所周知的包括天主
> 教会禁止哥白尼学说,伊斯兰教反对印刷术。(1947b,76)

　　然而,柴尔德确实承认意识形态实际上可以是进步的,并为技术
的发展提供帮助,在这里他引用了斯大林的话:

> 　　也有新的先进的思想和理论,它们是为社会上先进的势力
> 服务的,它们的作用就是促进社会发展,促进社会前进,而且它们
> 愈是确切地反映社会物质生活发展的需要,它们的意义就愈大。

新的社会思想和理论,只有在社会物质生活的发展向社会提出
新的任务以后,才会产生。可是,一经产生,它们就会成为促进解
决社会物质生活的发展所提出的新任务,促进社会前进的最重
大的力量。(1947b,76)

在这一点上需要注意的是,柴尔德对马克思主义的解读并不仅限于
马克思;他还熟悉恩格斯、列宁和斯大林的著作,并在《历史》中引述
了他们的理论。虽然许多西方学者不认为斯大林是马克思主义理论
家,但柴尔德在当时似乎不仅尊重他的著作,而且尊重他作为政治家
的角色。

127

　　如上所述,柴尔德认为现实是充满可能性并且多变的。这种观点
即否定了任何基于任何模型对历史进行预测的可能。因此,与同时代
的许多马克思主义者不同,柴尔德否认历史唯物主义能够预见世界
历史的未来进程:

　　　　任何历史理论都无法预言社会将会有怎样的新发现,也无
　　法预测那会带来怎样的经济组织或政治机构。从辩证唯物主义
　　的观点来看,历史将向我们展示,制度和信仰一直是与科技发展
　　相联系的。(1947b,83)

而与此同时,柴尔德不希望把这一点推得太远,并有点乐观地认
为,斯大林运用历史唯物主义的原则成功地引导了世界历史的进程。

　　　　科学的历史研究并不宣称能够像某种占星术一样,出于某
　　些投机者的利益来对一场赛跑或战役的结果进行预测。相反,历
　　史研究将使清醒的公民能够辨识出过往历史进程所编织的图

像,并由此预估其在最近的将来会如何继续。当今一位伟大的政
治家便成功地预见了世界历史的进程,我们刚刚引用了他作为
马克思主义史学的代表人物的论述。(1947b,83)

因此,柴尔德对预测的态度是矛盾的。问题的核心在于,他坚持
认为现实具有完全的创造性,如果按照这个逻辑,必然会否定历史定
律存在的可能性。显然,如果现实有绝对的创造性,不断进行真正的
创新,那么现有的任何定律都无法包含这些新生事物。这一柴尔德所
坚信的哲学理念,将他与同时代的马克思主义者区分开来,后者一般
128 认为马克思主义确实具有某种预测的能力。事实上,后者坚持认为,
他们能够预见历史进程中的种种矛盾在世界进入共产主义阶段之后
得到解决,而根据辩证唯物主义的规律,世界共产主义被认为是历史
进程的必然结果。

然而,虽然柴尔德不能接受这一点,但他并不否认历史进程中存
在某种规律,也不否认构建历史规律是历史学家工作的目的之一。如
上所述,柴尔德将历史定律与具有高度预测潜力的自然科学定律区
分开来。历史定律只是对历史变迁方式的凝练描述。它们既不会引
起,也不会控制历史变迁,而是在不完全排除无法预估因素的情况下,
限制了这些因素的范围。

需要注意的是,柴尔德承认考古学对于构建历史规律有所助益。
他虽然不认为考古学本身能够发现定律,但认为它是检验其他学科
理论的有效工具,尤其是当一个学科缺乏考古学时间视角的时候
(1946d)。柴尔德认为考古学可以检验十九世纪人类学家基于当代
原始社会之间的比较而构建的演化论模型。柴尔德对这种比较的方
法论提出批判,认为它将一个可观测的、基于逻辑的地理模型变为了
一种基于假设的历史假说。但他并不认为社会演化的假设因此而无

效。像所有的科学假设一样,这些都需要通过观察来检验,而正因如此,考古学的作用至关重要。

> 现在,考古记录已经表明在不同地区文化的地层学排序。换句话说,它揭示了这些社会出现的时间顺序。这个"可观测的模式"在多大程度上能真正为"逻辑的"解释提供基础?让我们比较几个等列的(homotaxial)文化——在几个观察序列中位置相对一致的文化——确定它们之间的一致性能否被概括为文化演化的不同阶段,即抽象意义上的"社会"的演化。(1951a,16)

柴尔德认为摩尔根提出了当时最先进的演化论,并特别希望对其进行检验。如上所述(96 ff.),摩尔根设想将人类历史分为三个主要"文化阶段"(ethnical periods),即蒙昧、野蛮和文明,其中前两个阶段又进一步细分为低级、中级和高级三个时期。摩尔根也对家庭结构的发展感兴趣,提出了五种连续的形式:(1)血婚制(consanguine);(2)伙婚制(punaluan);(3)偶婚制(syndyasmian);(4)父权制(patriarchal);(5)专偶制。基本上这是一个从群婚到现代原子家庭的演化。在亲属关系方面,摩尔根发现了以下的顺序:(1)马来亚式(Malayan);(2)土兰尼亚-加诺万尼亚式(Turanian-Ganowanian);(3)雅利安-闪米特式(Aryan-Semitic),在现代分类中对应于夏威夷式(Hawaiian)、易洛魁式(Iroquois)和爱斯基摩式(Eskimo)。至于社会结构,这个序列从家庭的前两个阶段开始,即杂交乱婚(promiscuous horde),到禁止兄弟姐妹通婚的阶段。接下来一个阶段由母系血亲主导,这些结合形成了胞族(phratry),胞族又结合形成部落(tribe),然后是联盟(confederacy)。应当指出,所有这些都有别于基于权利和财产关系的政治组织。所谓真正的政治单位是指乡镇、县和州。

正如哈里斯(Harris)所指出的,摩尔根的方法是将不同社会阶段统合于一个完整的模型当中的一次卓越尝试。

> 因此,其总的结果是一个历时和共时的系统,其结构和时间范围都是前所未有的。通过一系列负面和正面反馈,将从基于性别和亲属关系的制度到基于领土和财产的制度的整个演变过程,与不同"文化阶段"的家庭形式、亲属称谓与技术发展标准联系在了一起。(Harris 1968,182)

今天,根据新的发现,摩尔根的计划在许多方面都是站不住脚的。然而,正如埃莉诺·利科克(Eleanor Leacock)指出的,他的三个"文化阶段"经受住了时间的考验。

> 尽管摩尔根的理论如今遭受了冷遇,但他的文化阶段的顺序已经被写进了我们对史前史和考古遗迹解释的理解中,这一点只要看一眼任何人类学入门文本便一目了然。(Leacock 1963,lxi)

柴尔德将摩尔根描绘成十九世纪的平行演化论者(parallel evolutionist),认为文化同步演化,经历相似的阶段。因此《社会演化》的目的是使用四个不同地理区域——温带欧洲、地中海地区、尼罗河流域和美索不达米亚——当中的文化序列,作为实证案例来检验平行演化论。

通过比较这些地区的文化在从野蛮到文明的过渡中是否呈现一致性或平行性,柴尔德指出,尽管它们的起点——蒙昧——和最终结果——文明——是相似的,但在每种情况下,中间的过渡步骤并没有

表现出抽象的平行性。例如,就农村经济而言:

> 在埃及的塔西(Tasian)文化和巴达里文化中,农耕的重要性充其量只能与狩猎、捕鱼和采集等食物收集活动相提并论,甚至是次要的;后来,狩猎的重要性迅速下降。而在温带的欧洲却正好相反:在中欧和西欧,狩猎在新石器时代第一阶段的重要性相对低于其后的第二阶段。同样,在希腊、近东和埃及,严格意义上的农村经济首次出现,使真正的定居农耕成为可能。……在温带的欧洲,轮垦在新石器时代和青铜时代的大部分时期都很普遍。…… 在最后提及的地区,我们观察到以畜牧为主的社区与农耕社区间产生了分离;而埃及和美索不达米亚的考古没有发现类似的现象。
>
> 因此,我们观察到的农村经济的发展并不是平行发生的;因此,我们无法据此定义所有文化序列共有的文化阶段。…… 总之,野蛮时代的农村经济在我们研究的地区并非平行发展的,而是呈现分化(divergence)和趋同(convergence)。(1951a,161—162)

柴尔德由此继续指出,社会结构也是如此。

> 在这几个序列中,有关社会制度发展的记录并不完整,也没有显示更高相似度。(1951a,164)

因此,柴尔德提出了一个与平行演化观点截然不同的趋同演化论(convergent evolution),在这个模型中,不同文化通过不同步骤从一个文化阶段向另一个阶段演化。然而,如哈里斯指出的,这两种观点之间的对立可能被夸大了。柴尔德强调摩尔根本人并不是一个严格 131

的平行演化论者,但他的确认同,传播是使社会-文化演化具有高度一致性的重要机制(Harris 1968,177—179)。

与人类学中的博厄斯学派不同,柴尔德并不认为趋同现象是对社会演化的否定,也不认为社会演化与生物演化之间的类比是错误的。他强调,生物演化和社会演化的特征非常相似。

> 对拉马克和达尔文来说,"演化"描述了新物种出现的过程——也就是说,一个变异和分化的过程。我们从不把生物演化描绘成一束平行线,而将其描绘成一棵树,树干上长满了树枝,每一根树枝上又长出更小的树枝。如果我们可以同样用树的形象展示考古记录,它将揭示一个类似生物演化的过程。事实上,分化——由同一个文化分裂成众多不同的地方文化——是考古记录显示的一个显著特征。(1951a,166)

然而,柴尔德意识到,社会演化与生物演化的区别在于趋同,即不同文化通过传播来实现共同的演化。如前所述,柴尔德强调传播是社会演化所特有的。与生物突变不同,文化创新可以通过非生物机制在代际与社会之间进行传播。事实上,柴尔德将传播定义为一个独立的社会接受由另一个社会发起的创新(1951a,179)。

所以柴尔德承认,在这个方面这两个过程之间的类比并不成立(1951a,175)。然而,正如盖瑟科尔(Gathercole,1971)强调的,我们无须像拉维茨(Ravetz,1959)和艾伦(Allen 1967)那样,认为这是柴尔德思想中的严重问题。因为如果这样做,便忽视了自三十年代起柴尔德理论思想发展的基本连续性。柴尔德从未否认生物演化和社会演化在某些关键方面存在差异。事实上,从三十年代开始,他便为阐明这些差异付出了极大的努力。因此他的《社会演化》并非是提出新的观点,而是对长期信仰的重申。

此外,正如盖瑟科尔指出的,柴尔德非但没有否认生物概念在社 132 会演化中的有用性,反而认为:

> 达尔文的"变异—遗传—适应—选择"公式,经过适当修正,可以从自然演化引申到社会演化,后者甚至比前者更容易理解。(1951a,175)

在这里,柴尔德认为,社会演化中变异的来源,即发明,实际上比在自然演化中的生物突变更容易理解。

> 我们不仅无从得知是染色体亚微观片段中怎样的变异引发了突变,更无法预测它何时发生或向哪个方向发生。…… 但是我们每个人每天都在进行发明创造,比如在找不到开瓶器时用其他东西代替,或在写文章时创作一个全新的句子。(1951a, 175—176)

同样,他认为,虽然社会遗传的机制与生物遗传存在差别,但它对我们并不陌生,也并非无法理解。"社会遗传受到榜样和戒律的影响,受到教育、广告和宣传的影响。"(1951a,176)此外,他强调,适应环境既是有机体生存的条件,也同样是社会生存的条件。柴尔德强调"社会环境"这个概念,包括内部和外部环境,比地理或气候更为复杂。

最后,他指出,选择在社会演化中所起的作用,就像在生物演化中一样。

在人类存在的五十万年里，一定有无数的创新尝试。由于严格的社会选择，只有造福深远的极小一部分保留了下来。（1951a,177）

柴尔德警告说，"选择"这个概念在社会演化语境中的适用性十分有限，因为社会演化的选择机制与生物演化中的机制非常不同。

133

在"适者生存"中，首先是那些携带突变的群体成员生存和繁殖，而牺牲了那些未经突变的个体。然后新物种通过消灭其他物种来传播。（1951a,177）

虽然他承认类似的选择性机制在社会内部和社会之间运作，但他强调历史进程中的延续和累积，而非淘汰和消亡。

即便在史前，当一个地区的文化突然发生剧烈变化，以至于一种文化取代另一种文化，或某社会被外来者所征服时，大多数既有的文明成就将继续存在，被纳入新文化。…… 同时，发明的传播并不总是，甚至通常不会受到社会或文化之间的竞争或淘汰的影响。传播通常意味着一个独立的社会采纳另一个社会发起的创新。而这也是一个累积的过程。（1951a,178—179）

在《社会演化》中，柴尔德用一种全新的方式将考古记录作为社会理论的试验场。应当指出，他实际上实现了如今考古学家公认的考古学的一个主要目标。众所周知，自六十年代末和七十年代初，考古学家开始逐渐摒弃考古学的所谓"历史目标"，即建构过去，转而强调其作为社会科学在解释社会行为方面的作用（Trigger 1970）。柴尔德作品的特别之处在于同时包含了这两个目标。与许多"新"考古学家不同,柴尔德没有在历史解释和社会解释之间,即历史和社会科学之间,建立明确的二元对立。

05 哲学背景

134　　　上一章论及的一个要点是柴尔德的哲学世界观在他关于历史模型的反思中发挥了重要作用。我们看到,柴尔德对现实的本质有着强烈的信念,将其形容为一个创造性的、自足的过程,具有自己的动态发展规律。他否认历史进程之外存在造物主或其他现实的来源,因此坚定地置身于唯物主义哲学传统中。

柴尔德特别强调现实的多变性,因此在这两个基本方面,即自然的物质性和多变性,他的观点与马克思主义世界观相一致。然而,两者也有重要的区别,因为虽然柴尔德强调自然的多变性,但他并没有像马克思一样,运用辩证法对变化进行解释。事实上,他没有对多变性问题进行深入的哲学思考。但需要注意的是,有关现实本质的问题并非柴尔德哲学论著所关注的重点。相反,这被认为是不言而喻的。事实上,柴尔德有关这个问题的唯一一次讨论出现在 1956 年出版的《社会与知识》(*Society and Knowledge*)一书的最后一章。

柴尔德的大部分哲学著作讨论的都是有关知识的问题。柴尔德认为,对考古资料的解读当中存在重要的认识论问题。考古学家想要观察文化,"然而观察的方法本身就是文化。观察的结果必须通过我们从自身社会所继承的概念范畴来表达"(1949a,5)。因此柴尔德非常清楚观察的主观本质。随着文化的改变,不仅人们看待世界的方式会随之改变,并且人们对这种观感本身的观察也会发生变化。换言之,基于所采用的概念模型的不同,人们对过去知识的了解也多种多样。在这个语境下,柴尔德认为如何阐释的问题至关重要。既然认识到世界观存在相对性,他不希望用一个完全无关的概念框架,即二十世纪的逻辑,来阐释一个过去社会的信仰体系。但另一方面,他也并不认为考古学的目标应当是在过去社会自身的概念框架中对其进行解释。柴尔德试图通过他对何为"真知"(real knowledge)的理解来超越地解决这个问题。他认为真知在本质上是实践的。他提出,考古记录是知识的实践表现的遗存,而考古学家能够从中获得一个社会的客观知识,而并非其主观视角。

柴尔德的这个观点对他的考古学研究方法产生了重大的实际影响。因为只关注"真知",柴尔德认为没有必要试图重建过去的概念框架。因此他并未试图依据一个假设的信仰和思想体系来解释已经过去社会的行为模式,而只关心他所谓的"真正的历史功能"(real historical function),即从历史角度判断它们的经济、社会和科学意义。

在提出这个有关主体性问题的同时,柴尔德的哲学探索揭示了一个更为根本的问题。既然他认为知识在本质上具有确保物种生存的实用功能,那么考古学的用途是什么呢?然而最终,柴尔德找不到这个学科任何直接的实用价值。尽管如此,他确实希望考古知识将有助于人类对世界的理解,并且行动更富有人性(1956c,127)。

柴尔德发表过两篇文章专门讨论知识问题:《知识的社会世界》(Social Worlds of Knowledge,1949)、《知识社会学》(The Sociology of Knowledge,1949)。1956 年,《社会与知识》在"世界视角"中出版,该丛书旨在让当时"最清醒且有责任感的头脑"概述自己的基本哲学理解和信仰(Anshen in 1956c,ix)。然而,柴尔德的哲学论著不限于此,还包括《巫术、手艺和科学》(Magic,Craftsmanship and Science,1950)和《重缀过去》(1956)。

136　　　　在《知识的社会世界》中，柴尔德纵观人类历史，考察了人类生存环境所包含的内容、范围，以及人类对其的认知。他提出了两个观点，第一，他认为，随着我们回溯历史，人类活动的环境在范围上会越来越小，其内容更加贫乏：

> 在二十世纪的任何一个欧洲社会，有规划的活动必须将整个地球作为一个重要的环境因素进行考量。即便是一个没有接受过良好教育的英国人也可以写信到新西兰，也可以享用来自阿根廷的肉制品。想了解这个世界如何越变越小，只要看地图就足够了——一张十五世纪的波特兰（portulan）型海图，或那之前一千年的托勒密（Ptolemy）地图的复原图，或者再早一千年前的赫卡泰戌斯（Hecataeus）地图，最后，现存的公元前3000年晚期阿卡德（Akkadian）地图。后者是由文明的族群中有学问的人绘制的。然而它展示了一个微小的世界，漂浮在以巴比伦为中心的原始海洋中。
>
> 显然，随着时光倒流，已知世界的内容变得逐渐贫乏，范围越来越小，现代科学的发现会最终全部消失。为了重现过去社会的环境，我们必须忽略其中的许多我们以现在的眼光能够看到的物理、化学、生物和地质特性。（1949a，10—12）

第二，他认为人类感知环境的方式也随着时间发生了变化。柴尔德认为，一个社会所适应的环境是一个思想的世界，不仅在范围和内容上不同，而且在结构上也不同。柴尔德这篇文章的一个基本前提是，思想是由基本思维模型构成的，他跟随涂尔干，称之为"知识的范畴"（categories of knowledge）。他的主要论点是，这些范畴既不是永恒的，也不是先验的，而是随着社会的变化而变化的，为了说明这一点，他以

数字和空间为例,展示了这两个概念是如何随着时间的推移而演
变的。

同样,柴尔德强调,"逻辑法则"同样不是一成不变的。

> 利维-布留尔(Levy-Bruhl),你还记得,形容土著人的思维是
> "前逻辑的"(pre-logical)。……原始思维不符合亚里士多德的
> 法则。古埃及人和苏美尔人的思想也是如此。弗兰克福特在研
> 究现存最古老的有关"自然"概念的论述时,引用东方青铜时代
> 文明的"神话思维"的文本,其中逻辑学的同一性和矛盾律似乎
> 被忽略了,而空间和因果关系的使用与牛顿或康德截然不同。
> (1949a,17)。

因此,柴尔德深刻地意识到"观察"的主观性,意识到观察者和被观察
者之间存在着极为重要的相互作用。观察的方式必然会影响观察者
对所观察到的事物的认识。在这里,柴尔德举了一个例子,说明十九
世纪人种学家对原始人和早期文明人的研究方法,就是将十九世纪
的世界观强加给了他们。

> 所有人都兴高采烈地假设,同时代的野蛮人,苏美尔人,古埃
> 及人,爱奥尼亚人,都像现代科学一样,对思想和物质、主体和客
> 体,做了严格的区分。然后他们不得不假设这些社会错误地将自
> 然现象人格化,让自然当中充满了神、鬼和精灵,为其注入曼纳
> (mana),并无端地假设是由类人的存在来运作自然这个原本是
> 完全自动的机器!我们现在知道他们错在哪里了。他们首先杀
> 死了他们想要研究的文化,肢解了尸体,然后试图向不同的部分
> 注入他们自己的,同样四分五裂的活的文化将其唤醒。(1949a,

137

23—24）

因此，柴尔德所面对的关键问题，就是如何摆脱这种文化背景的主观局限。在他看来，避免将现代概念框架强加于原始或史前社会是至关重要的。然而，如前所述，他也承认在一种文化自身的参照框架内对其进行解释是不可能的。

> 柯林伍德（Collingwood）写道："所有的历史都是历史学家自己头脑中过去思想的再现，更明确地说，历史学家在自己的头脑中再现了对象的思想和动机。"但这也是不可能的。从经验上来说——以一个简单的例子来说——当毕达哥拉斯"发现"他的定理时，我无法在脑海中重现他的"思想和动机"…… 我可以理解他的论证，但我并不会因此赶紧去献祭一头牛。我更无法揣测，为什么在毕达哥拉斯之前一千年，巴比伦的书吏要在数百块石板上写满为证明定理而费力设计的问题。…… 理论上说，这个任务也是不可能实现的。柯林伍德实际上是叫我清空自己头脑中全部来自我的社会的思想、范畴和价值观，以便以一个曾经社会的思想、范畴和价值观取而代之。但这更是双重不可能的。一方面，这个清空过程不会让我的头脑变成一块干净的白板，而是彻底空空如也 …… 另一方面，也不会有什么东西能让我去填充，因为集体表征存在于社会中，也会随着社会的消亡而消失不在。（1949a，24—25）

在1950年发表的《巫术、手艺和科学》中，柴尔德再次强调了这个观点。

已故的柯林伍德断言,历史学家必须"在自己的头脑中再现对象的思想和动机"。我必须说,我不认为重新思考死人的思想是历史学家的事情。即使有文字记录,我也不相信今人能够真正揭示故人的意图。倘若没有这些线索,那么试图理解巨石阵建造者的情感和希望更是无稽之谈。(1950c,1)

但柴尔德确实认为自己找到了摆脱主体性困境的方法,那便是依据他称为"真实的"(real)或"真正的"(true)思想的本质。

在实践中,主客二分能够被超越。属于过去的真实思想(real thoughts)从行动中产生。真实的思考(real thinking)已经被对象化了。研究一个过去的社会,没有必要把它的真实思想转变为实物,因为这个过程已经完成了。考古学研究的遗迹和纪念碑显然是实物,因此不需要再在一个陌生的概念框架中进行翻译。(1949a,25)

然后,他引用柯林伍德下面这段话来结束他对于真实思想的实践本质的论述:

纯粹的理论思维不是真正的思维,也不会带来真正的认识。真正的思考在某种程度上总是实验性的。它从实践出发,又回归实践。(1949a,25)。

139

在《巫术、手艺和科学》中,柴尔德继续就真知识和假知识之间的关系这一重要问题展开了论述。他认为巫术是假知识,而科学是真知识。他借用弗雷泽 1925 年《巫术艺术》(*The Magic Art*)中的话,称科学为"所有时代的人都相信的那些朴素真理"(1950c,5)。但他并没有对"科学"做更具体的定义,即便这个概念在他对考古学遗迹的阐释中发挥了重要的作用,这多少让人有点意外。但他还是在脚注中补充了两段引文,一段来自马林诺夫斯基,另一段来自柯林伍德。

> 如果"科学"指的是一套规则和概念,它们以经验为基础,通过逻辑推理从经验当中推导出来,体现在物质成就中,并由某种社会组织来执行,那么即使是最为落后的野蛮人也拥有科学最初的开端。
>
> 自然科学与对自然世界的探索密不可分,它意味着观察、记忆并传承那些有用的信息。(1950c,5)

对于巫术,他试图从行为上而不是心理上来寻求定义,以便对巫术进行实证研究。

> 将巫术这个概念限定在某些特定的活动,其实践者声称使用了与日常生活和社会常识的普遍认知所不同的特殊力量。那么史前考古学家将会沉默,因为动机和信仰不在他们的研究范围内。但在现实中,这个主观的标准即便在民族学中也很难应用,或者说,在关于英国煤矿工人或医疗从业者的研究中也很难应用。例如,T. E. 威廉姆斯(T. E. Williams),他本人曾师从马林诺夫斯基,他承认自己偏爱心理学解释,他发现巫术和常识(科学)之间的界限难以捉摸。那些"药"(wen),当由喀拉其(Keraki)施用于他们的花园时,只能有巫术功能。然而他写道:"也可能,在当地人看来,它们的使用几乎是常识,就像竖起一根杆子来支撑木薯藤一样。"这样一个模糊的标准显然无法作为科

学定义。遵循行为主义路线,因为行动要比动机更加可靠。弗雷泽已经对行为模式做了大量分析。因此,每当我们发现有人系统地进行一些,在现代知识角度完全徒劳无用的,但与弗雷泽所描述的行为模式相符的活动时,我们便可以坦率地称之为巫术。(1950c,9—10)。

柴尔德在本文中的主要观点有两个。首先,他认为科学实践和巫术行为之间并没有严格的界限——更具体地说,巫术是对科学的补充。这主要是反驳马林诺夫斯基的论点,即科学和巫术在主题、心理过程、社会组织和现实功能方面都有所不同(1950c,4)。

其次,他通过考古研究表明,巫术的历史可以追溯到旧石器时代,从而推翻了"文化历史心理学"理论(Kulturhistorische Schule)有关"人的沉沦"的论述,后者认为巫术实践是社会积累的反常创新,不仅没有进化,而且实际上已经退化。

因此,就考古证据而言,巫术实践与智人一样古老,甚至更古老。最初的猎人习惯性地用巫术来加持自己的狩猎技能和物质装备,在新石器时代,手工制品也会被赋予巫术的力量,开采燧石的矿工会进行巫术仪式,外科医生也会运用带有巫术色彩的医学理论。我们的文化祖先留下最古老的记录显示了,科学在手工艺中的应用一直伴随着种种巫术的预防措施。换句话说,现有的考古证据,尽管很少,足以表明巫术已经成为时间和空间上的"普遍信仰"。而且并没有任何证据表明,巫术的发展像癌变一样,在后来的资质较差的种族中阻碍了理性科学的自然潮流。(1950c,17)

141   在《知识的社会世界》中,柴尔德强调,史前研究的目的并不是重
现过去社会的巫术实践和动机。

> 因此,科学的史前史学家必须放弃试图在自己的头脑中重
> 现前人的思想和动机;因为让巫术成立的那些精确的仪式、咒语
> 和禁忌都无法再现。在任何时候,实现某个能够达成目标的方式
> 总是有限的,且往往是朴素的。而对于不可能实现的目标,人们
> 在想象中可以有无限种方式实现。…… 其次,巫术的实践是一
> 种特殊的思维或逻辑的结果和表现。我们无法真正了解在文字
> 发明之前,我们的祖先如何思想,并不是因为我们无法翻译他们
> 思考所使用的语言,也不是因为他们所用来思考的符号系统已
> 经随着社会消失而丧失意义。我们无法了解祖先的思想,是因为
> 我们无法理解他们的逻辑。(1950c,17—18)

同样,在1956年出版的《重缀过去》中,柴尔德对考古方法论所做的
最翔实的分析,其中,他再次强调了这一论点,这一次更为有力。他举
了一个莫斯特(Mousterian)刮削器的例子来说明,我们无法完整地了
解刮刀的制造过程,实际上是有利的,因为这样能够区分并突出制造
过程中的"真实知识"和虚幻的方面。柴尔德想象整个过程如下,

> 要做一个D型刮削器(D-scraper),需要(1)在满月时收集一
> 个燧石核,(2)全天斋戒,(3)恭敬祝告,(4)用石锤敲击石核,
> (5)献祭老鼠,用老鼠血涂抹刮削器。(1956a,171)
>
> 他强调,
>
> 显然,科技进步让我们发现,步骤1、2、3、5与完成步骤4的
> 操作是否成功其实完全无关。这些行为是徒劳的,意识形态的错

觉。只是这些从考古记录中被抹去了。在错误消除之后,知识变得更加清晰,才可以重新学习。(1956a,171—172)

因此,对柴尔德来说,考古记录仅限于过去社会的物质遗存,而这 142 似乎在某种程度上是塞翁失马,因为这样可以清楚地解释过去社会的"真"知识,而非"假"知识。这里应该指出,柴尔德对过去社会的世界观漠不关心,或许与某个经典马克思主义观点有关。马克思强调,正如我们不能以依照某人对自己的看法来评价此人一样,我们也不能以某个历史时期自身的世界观和逻辑来评判它(Bottomore and Rubel 1956,52)。然而,与他同时期的马克思主义者不同,柴尔德对于这一观点表现出格外信服。盖瑟科尔指出,当时许多著名的马克思主义者都明确表达了希望能够重建过去社会的思想和信仰(1971,230)。

在1949年发表的《知识社会学》中,柴尔德首先讨论了精神与物质、主体与客体之间的关系。他指出,人类只有在演化到较晚近的阶段才领会到这些区别。比如,在青铜时代的东方,主客并没有明确区分。柴尔德把这种世界观称为神话。直到主客二分明确了,知识才成了问题。主体如何认识客体?

由此,柴尔德非常简要地讨论了经验主义、唯心主义和辩证唯物主义的认识论基础。像在《知识的社会世界》中一样,他反对精神只是发挥反映外部现实的被动角色。他强调精神在形塑外部现实中的主动性,而同时将自己与唯心主义者区分开来,因为(1)他不认为人的智力活动的基本构成,即知识的范畴,是与生俱来的;(2)也不认为是精神创造了这些范畴及其内容。

柴尔德认为,是马克思发现了范畴并非绝对或永恒的,而是受社会生产力的制约,必须随着适合的生产关系变化而变化。但他提醒我们,哲学家和自然科学家一直对这一发现充耳不闻。

143   哲学家们显然是担心这个发现会打扰他们学术象牙塔中的清净。而自然科学家则满足于在实践中继续超越主客对立,并不担心认识论或形而上学的问题,直到最近他们发现有些经验数据不适合亚里士多德的逻辑范畴,而观察行为本身会改变观察的对象。(1949c, 303)

另一方面,人类学家,特别是涂尔干,已经意识到知识的相对性。

      逻辑在不同的历史时期呈现出不同的特征;逻辑像社会一样在不断发展。…… 逻辑的法则,并非永恒地铭刻在人们的精神结构上,而是受到历史、社会等因素制约。(Durkheim in Childe 1949c,305)

在这篇文章中,柴尔德主要想表明涂尔干的认识论与马克思主义哲学有几个重要的契合之处;第一,关于知识的实践功能;第二,关于知识的社会结构;第三,关于知识包含的社会性内容。虽然柴尔德支持这三点,但重要的是他不同意涂尔干关于知识范畴起源的观点。简言之,他认为这些最终是以社会的技术要素为基础,而不是像涂尔干所说的,基于社会本身。

      涂尔干没有看到,离开最基础的实践技能,没有人能生存下来——比如获取食物、生火、制作工具等等。毕竟,即使是婴儿也可以通过自己适当的行动直接改变环境。起初,这些行为会伴随着不相关的象征性手势或噪音。在原始社会,狩猎、生火和制造

工具的有效实践当然与象征和巫术等行为混为一谈。但随着技
术水平的逐渐增长,成功的工艺实践开始影响社会的自然观。法
林顿(Farrington)就在近作中精辟地解释道,古希腊爱奥尼亚学
派的"自然哲学家"最重要的贡献就是,至少据我们所知,首次试
图以成功的工艺运作为基础,构建一个理解自然的模型。他们至   144
少开始寻找一种能够与人的社会活动相类比的理解和解释自然
的方式。而当社会仅仅能有规律地控制人力和畜力时,这种探索
很难达到令人满意的结果。而正是水力、蒸汽和电力让一个完全
非人格化的自然模型成为可能。(1949c,307—308)

既然柴尔德认为技术对意识形态起到了最为决定性的影响,这也当
然表现出他强烈的马克思主义理论倾向。他毫不怀疑自己的立场,并
在文章的结尾部分,坚定地捍卫了马克思主义哲学。

　　首先,柴尔德强调,是马克思最初发现了意识形态(在负面意义
上被用作虚假教条)对社会世界观的扭曲作用。在这里,他认为马克
思主义已经把古典经济学和黑格尔式的形而上学都驱逐到了意识形
态领域。然而,他意识到,马克思主义批评者把这看作是对马克思主
义本身的驳斥,认为马克思主义也是一种歪曲现实的意识形态。柴尔
德强烈反对这种观点,认为马克思主义是一个意识到这种危险并对
其进行防范的科学的理论体系。然而遗憾的是,柴尔德没有具体说明
马克思主义是如何克服这个问题的,因此没能充分地回应这个重要
的批评。然而,他不得不承认,马克思主义和其他世界观体系一样,是
相对的,是由社会决定的。他认为,只有在进一步指导实践的过程中,
知识的社会属性所带来的局限才能被超越,因此,他以革命性的基调
结束了他的文章,"一旦通过废除阶级与阶级利益,消除意识形态对
现实的扭曲之后,我们不再需要预测将来会发生什么"(1949c,309)。

在《社会与知识》(1956)中,柴尔德对他的知识理论进行了最后的也是最全面的分析。他的整个方法建立在两个基本前提之上,甚至他自己似乎也认为至少在某些圈子里是有争议的。

145
> 我认为,要配得上"知识"二字,知识必须是可传播的,在这个意义上,是公开的,也是有用的,我的意思是能够为行动提供积极的指导作用。第一个要求可能会让神秘主义者感到震惊,无论他们是否有宗教信仰。第二种说法肯定会让柏拉图和亚里士多德时代的希腊人,以及他们今天许多追随者,那些"为科学而科学"的学者们感到愤慨。(1956c,4)

柴尔德将知识的"可传播性"首先与生物性的应激反应过程区别开来,其次与记忆区别开,因为他认为记忆是类似于条件反射的纯粹的个体经验。因此,柴尔德将知识"可传播性"严格地限定于象征层面的交流,并且进一步将这种交流限定于某些特定类型的象征性工具,主要是语言和数学。

> 其他类型的符号也可以传递和表达思想,但我们在这里定义的知识无法通过艺术或宗教符号进行表达,就像无法通过梦境来表达一样,即便梦是属于个体"无意识"(Unconscious)的符号(无意识是一个被精神分析学家想象出来并且成功使用的神话实体)。(1956c,67)

柴尔德认为知识的现实"有用性"可以从那些确保人类生存的历史和生物学机制当中提炼出来。

智人似乎真的是杂食动物。孩子断奶后不会有天生的食欲告诉他吃什么，不像小牛天生就会吃草。许多东西看起来好吃但其实有毒。如果人类不得不通过反复试验来学会辨别，那么死亡率将会太高，以致物种无法继续繁衍。正如一个简单生命体具有的应激反射越丰富，或一种动物越能够积累经验，便能够越好地存续和繁衍，那么，能够相互学习经验的人类在生物学上便是最成功的物种。如果我们说，从历史上看，知识的生物学功能就是确保智人的生存和繁衍，就像我们说蛤蜊的阴影关闭反射或老鼠的学习能力一样，我们实际上并没有向生物学中引入一个无关的目的论概念。从生物学上讲，任何帮助有机体根据环境条件调整其行为的机制都证明了它们的有效性，并且通过帮助有机体生存和繁衍而一直得以延续。可传播的知识只是这种机制中最新的，也是最成功的。那么谁又能否认知识的有用性呢？至少在生物学意义上？（1956c，8—9）

柴尔德将知识定义为"一个理想的宜于合作的世界的再生产"（an ideal reproduction of the world serviceable for co-operative action thereon）（1956c，54），这在根本上证实了他关于知识的实用性的论点。在这种情况下，"联合行动"（co-operative）这个概念非常重要，乍看之下，这似乎表明他与马克思和涂尔干的知识观之间存在分歧，因为马克思和涂尔干都没有提出这一限定。然而，柴尔德对这个概念的定义极为宽泛，将其含义扩展到包含全部社会活动，甚至战争。他将co-operative 作为 social 的近义词使用，即指"与社会相关的"。如果不了解柴尔德对这个概念的特有用法，就很容易误解他定义中的基本观点。

在他的定义中，柴尔德选择"再生产"（reproduction）一词，而没有用"反映"（reflection），是为了强调观察和求知行为的主观能动性。

> 用"再生产"是为了强调知者（knower）不仅是接收印象，然后像镜子一样被动地反射它们，而是能够从中"生产"出一种模式（pattern）。（1956c，54）

和他以前的主张一样，他认为"模式"是由一种基本的概念结构组成的，即涂尔干所称的"范畴"。

> 一个范畴意味着一个模式的轮廓，即维系这个模式中的各种元素之间的关系，同时也是外部世界的组成模式。或许在这个语境中，范畴不是每个读者都熟悉——我指的其实是"空间""时间""因果关系""物质"等等。每个都表示经验数据能够以某种方式组合在一起，形成一种模式。（1956c，73）

柴尔德在《社会和知识》中关于范畴的讨论遵循了《知识的社会世界》和《知识社会学》中相似的思路。和以前一样，他强调它们的社会性，强调它们都源于社会，并且随着社会的变化而变化。同样，他坚持真理的相对性，即现实的概念模型和现实本身之间的对应关系。

147

> 每个社会都可以建立自己独特的对于外部世界的再生产，这些不同的再生产方式或知识世界（worlds of knowledge）会在结构和内容上有所不同，因为范畴已经被证明，不像过去的哲学所声称的那样，是普遍或永恒的。因此，不同的，甚至是相对立的概念世界是可能存在，也确实存在，并存在过的，表现为不同的命题或"事实"（truths）系统。这就是为什么必须存在真实度（degrees

of truth)。因为不同的对现实的观念再生产不可能都同样地接近
于现实。(1956c,108)

此外,他再次强调了他关于证实(verification)的实践性的论点。

如此定义的真理只能用一种方式检验(test),即只有一个标准
来决定一种对于现实的观念性再现,是否在事实上符合外部世界。
这就是行动(action)。因为我们从一开始就坚持认为知识的功能
是实践的,知识的目的是为行动提供指南。在表达知识的命题当
中,可以推导出适用于实践的行为规则。在如此推导出的规则指
导下,行动是否成功,是对命题的决定性检验。(1956c,107)

这里,强调实践是检验真理的标准这个经典的马克思主义论点,再次
说明了柴尔德深深受益于马克思主义唯物主义哲学。

人的思维是否具有客观的真理性,这并不是一个理论的问
题,而是一个实践的问题。人应该在实践中证明自己思维的真理
性,即自己思维的现实性和力量,亦即自己思维的此岸性。关于
思维——离开实践的思维——的现实性或非现实性的争论,是
一个纯粹经院哲学的问题。(Marx 1845 in Bottomore and Rubel
1956, 67)

在《社会与知识》的最后一章,柴尔德对自己的学术主张做了深
入的洞察。本质上,他认为现实是不断变化的创造性过程,它既不是
目的论的,也不是周期性的。

148　　　　现实是处于不断运动当中的,既不会一遍又一遍地重复,也不是为实现某个既定的目标或计划。相反,现实是真正具有创造力的,不断产生前所未有的,真正的新事物。

我可以举出论据来支持这个论点。人类50万年的历史当中,出现了一些重复,但更多的是新发明,前所未有的行为和社会组织模式,新的需求、欲望和愿景,总而言之,新的价值。在自然史当中,"自然选择"是"一种产生极高可能性的机制"。(1956c,123)

而与此同时,他并不认为这个过程是完全不可预测的。

这并不是说现实不存在任何规律或秩序,也不是说未来发展的模式是任意的,反复无常的,无关于历史中任何可知的现实模式。相反,未来必须是在已经实现的,可知的模式的基础上延续和发展,因此,过去在总体上,而不是在细节上,决定着未来。创造不是无中生有,而是再造已经存在的东西。(1956c,124)

那么,对柴尔德来说,现实的模式并非完整的,而是随时间的发展不断创造出来的。

并且,他认为,在这个创造性过程之外不存在神(God)或其他形式的绝对(Absolute)。既然否定了超验(transcendence)的存在,他也否定超验体验(transcendental experiences)具有任何认知价值。

我必须否认,宗教体验能够带给人任何有关现实的,超越的启示。这并不是说宗教体验没有任何价值,而只是否认其认知价值——真理。(1956c,130)

　　柴尔德认为在最低层次上，宗教让人们能够参与到现实当中，而在最高层次上，宗教能够创造出有关善与美的全新理念。然而，因为这些理念源于想象，它们不具有任何永恒或绝对的价值。

　　如前所述，柴尔德认为知识在本质上具有实践功能。但他并不认为为了知识本身而追求知识是徒劳的或毫无意义的。事实上，他似乎认为纯粹的求知能够带来具有重大实践价值的发现。他这样描述他自己在社会中的角色：

149

　　　　我是一名考古学家，致力于考察已经死去很久的人的行为。我喜欢我的工作，并为此获得了不菲的报酬。然而，不论是我自己还是我所在的社会，都不认为我所收集的信息有任何直接的实际功用；我们相当确定，考古学不能帮助生产更多的炸弹和黄油。尽管如此，我们仍希望考古知识能够有一天在某些社会派上用场。我甚至可以大胆地说，我希望本书所包含的考古知识有可能帮助读者更清晰地思考，从而更人性化地行事。(1956c, 127)

　　因此，柴尔德认为自己本质上是一个知识的生产者，虽然意识到自己的生命是有限的，但他希望通过社会对他的知识的接受和传播达到不朽。

　　　　社会是不朽的，但社会中的人都终有一死。因此，倘若思想能够为社会所接受且流传，便同样是不朽的。那么创造不朽思想的个人，也由此达到了不朽——是的，即便他的名字会随着他肉身的消失而被遗忘。就我个人而言，除此之外我别无他求。(1956c, 130)

06　柴尔德与马克思主义

150　　　　丹尼尔指出,柴尔德整个学术生命中最为重要的一个问题便是
马克思主义的影响。

> 柴尔德在多大程度上是马克思主义者(或马尔主义者[1]),又
> 在多大程度上对这个外来的哲学只是口是心非,这始终是个谜。
> (Daniel 1958,66)

在本书中,对马克思主义的引用数不胜数,很明显,我们必须承认对柴
尔德来说,马克思主义是一股重要的思想力量。然而,如果不概述马
克思主义理论中涉及的基本问题,就不能充分理解马克思主义以何
种方式,在何种程度上,对柴氏的工作产生了影响。

首先要强调,马克思主义不是一种单一的学说,在其发展过程中
经历了许多阐释和修正(Jordan, 1967)。从最广泛的意义上说,马克
思主义指的是建立在卡尔·马克思(Karl Marx, 1818—1883)和他的
同伴弗里德里希·恩格斯(Friedrich Engels, 1820—1895)的工作基础

　　　1　尼古拉·雅科夫列维奇·马尔(Nikolai Yakovlevich Marr, 1864—1934),苏联科
学院院士,语言学家。父亲是苏格兰人,母亲是格鲁吉亚人。他对高加索地区的各种语
言都很熟悉,以高加索地区的语言为中心,提出一种所谓雅弗语理论,用以反对西方流行
的印欧语理论,曾经统治苏联语言学界长达 30 年。1950 年,斯大林发表《马克思主义与
语言学问题》,批判马尔主义,马尔主义的统治才宣告结束。

上的思想体系,其特点是对社会的经济学解释和唯物主义哲学世界观。简单地说,马克思的社会分析原理将社会分为三个主要部分,即经济、社会学和意识形态。其中,经济是基础,为社会学和意识形态的表现形式提供解释。这里需要注意,经济,或者用马克思主义词汇来说"物质生活的生产方式",被进一步细分为"生产力",即技术及生产技术所需的技能,以及"生产关系",即技术运行的社会关系。对马克思来说,历史变革的主要动力来自生产力和生产关系之间的矛盾。他认为,虽然生产力因新发明而不断发展,但任何特定时期的生产关系都是相对固定的,并抵制变化。因此,生产关系开始于"表达"(即服务于)生产力量发展的需要,结束于成为这种发展的"阻碍"。马克思认为,随着科学技术的进步,生产关系必须改变,以满足新技术的需求。于是就出现了"社会革命时代""整个巨大的上层建筑或多或少地被迅速改造了"(Marx in Bottomore and Rubel 1956, 52)。

用社会学来说,这个过程被视为剥削者和被剥削者之间的斗争。阶级概念是历史唯物主义的核心(Bottomore 1973, 19)。简单地说,马克思认为,每一种主要的经济结构或制度都将社会划分为利益对立的不同经济阶级。

> 至今一切社会的历史都是阶级斗争的历史。自由民和奴隶、贵族和平民、领主和农奴、行会师傅和帮工,一句话,压迫者和被压迫者,始终处于相互对立的地位,进行不断的、有时隐蔽有时公开的斗争,而每一次斗争的结局是整个社会受到革命改造或者斗争的各阶级同归于尽。(Marx in Bottomore and Rubel 1956, 207)

马克思和恩格斯都警告不要机械地应用他们的方法;上层建筑

能够并且确实影响着经济基础。

> 根据唯物史观,历史过程中的决定性因素归根到底是现实生活的生产和再生产。无论马克思或我都从来没有肯定过比这更多的东西。

> 如果有人在这里加以歪曲,说经济因素是唯一决定性的因素,那么他就是把这个命题变成毫无内容的、抽象的、荒诞无稽的空话。经济状况是基础,但是对历史斗争的进程发生影响并且在许多情况下主要决定着这一斗争的形式的,还有上层建筑的各种因素:阶级斗争的各种政治形式及其成果——由胜利了的阶级在获胜以后确立的宪法等等,各种法的形式以及所有这些实际斗争在参加者头脑中的反映,政治的、法律的和哲学的理论;宗教的观点以及它们向教义体系的进一步发展。(Engels in Harris 1968,245—245)

152

在苏联学派的历史唯物主义中,马克思的方法得到了系统的发展,并嵌入了被认为构成唯物辩证法的普遍世界过程系统中。据称,后者为世界运动和发展背后的"驱动力"提供了一个一般性的解释,所有变化都源于事物固有的矛盾。辩证法本质上是黑格尔的正—反—合公式,应用于现象的各个层面。辩证唯物主义,或者用恩格斯的词来说,"现代唯物主义"既接受了演化原理,也接受了渐变导致突变的原理。在《反杜林论》(Anti-Duhring,1888)中,恩格斯阐明了辩证法的三个定律,即对立统一定律、量变导致质变定律和否定之否定的定律,第三个定律是对黑格尔的正反合的重述(Jordan 1967,167—182)。

众所周知,马克思主要关注的是对当代资本主义的分析,而他关于前资本主义社会的论述相对较少。在《政治经济学批判》的序言和更详细的《形式》[2]中,马克思区分了世界历史上的四个主要时代,即亚细亚的、古代的、封建的和现代资产阶级的,后者是最后一种对立的社会形式(Hobsbawm 1964)。在资本主义之后,马克思预言了一种新型社会的兴起,在这种社会中,阶级将被打破,阶级矛盾最终得到解决,此外,人将实现自己真正的人性,与自己和自然和谐相处。

> 这种共产主义,作为完成了的自然主义,等于人道主义,而作为完成了的人道主义,等于自然主义,它是人和自然界之间、人和人之间的矛盾的真正解决,是存在和本质、对象化和自我确证、自由和必然、个体和类之间的斗争的真正解决。它是历史之谜的解答,而且知道自己就是这种解答。(Marx in Bottomore and Rubel 1956, 244)

马克思相信历史具有一般进步性,这使他的思想与达尔文、摩尔根、斯宾塞和泰勒的学说,以及十八世纪学说的共同遗产联系在一起。正如哈里斯所说,马克思主义唯一的区别在于对末日的强调(1968,222)。

从他的人类学笔记中,我们知道马克思拥有相当广泛的民族学知识,在他生命的最后阶段,他致力于根据美国人类学家刘易斯·摩尔根的工作对原始社会进行唯物主义分析,然而,未能成书便离开人世。恩格斯完成了他的遗愿。他的《家庭、私有制和国家的起源》(*The Origin of the Family*, *Private Property and the State*)和摩尔根的《古代社会》(*Ancient Society*, 1877)直到二十世纪都是苏联考古学的理论源泉(Tolstoy 1952,8—17)。

153

2　《资本主义生产以前的各种形式》(*Formen, die der kapitalistischen Produktion vorhergehen*),原书此处简称《形式》(*Formen*)。

　　有趣的是,在柴尔德1934年访问苏联时,苏联考古学正在经历一场重大的理论剧变,以求与官方的马克思主义理论保持一致(Miller 1956)。1930年以前的考古学被前资本主义社会的历史研究所取代。这门新学科的基本观点是,考古研究的目的不是研究遗迹本身,而是复原和理解它们所在的社会。因此,考古学的最终目的是重建资本主义之前的社会形态和阶段。经过广泛的研究和讨论,苏联考古学提出了一套正统的世界发展阶段论。柴尔德指出,这是一种基于"生产关系"的分类(1944b,23)。

　　　　Ⅰ.前阶级社会:(a)人类社会的形成;(b)前氏族时代;(c)母系氏族(rodovoye)社会;(d)父系氏族社会;(e)氏族分解阶段(从氏族向村落共同体过渡)。

　　　　Ⅱ.阶级社会,蓄奴形成:(a)东方的原始蓄奴社会;(b)发达的古代蓄奴社会。

　　　　Ⅲ.封建社会:(a)早期封建主义;(b)发达或晚期封建主义。

　　　　Ⅳ.资本主义社会。

　　　　Ⅴ.无阶级社会:(a)社会主义;(b)共产主义。共产主义社会是发展的最后阶段,不会发生进一步的变化。(Miller 1956, 78—79)

154　　同时,苏联考古学坚定地采用演化论,俄罗斯人和欧洲人的形成被视为自发的和原生的过程。应该指出,这主要是为了反对德国的种族主义和印欧人说。苏联考古学禁止传播论和迁徙说(Miller 1956, 80)。

　　1934年对苏联考古学十分重要,因为俄罗斯后革命时代最杰出的考古学家之一马尔在这一年去世。像柴尔德一样,马尔有着强烈的语文学兴趣,他主要的研究兴趣是印欧语系的发展。他最大的贡献是摒弃了西方关于原始的印欧母语的假说,提出了一种新的语言学理论——雅弗理论(Japhetic theory)。他的基本观点是,印欧语系的发展并不是单一起源的,而是以多种语言,即地中海盆地的雅弗语族(Japhetic languages)为基础。马尔试图将马克思主义应用于语言学理论,将语言视为上层建筑的一部分,并将语言的变化与生产方式的变革联系起来。在考古学中,马尔理论的主要作用是强化苏联正统学派所坚持的狭义演化论框架。马尔的思想影响了苏联考古学近 30 年,直到 1950 年被斯大林批判为对马克思主义的粗暴庸俗化和歪曲(Ellis and Davis 1951,243ff.)。

而马克思主义不仅仅是一套信仰,还包含重要的实践成分,即政治行动主义。马克思本人坚持理论与实践相统一。"哲学家们只是用不同的方式解释世界,而问题在于改变世界。"(Marx in Bottomore and Rubel 1956,69)

因此,成为马克思主义者不仅意味着认同其社会和哲学分析方法,往往还意味着对左翼或共产主义政治做某种程度的投入或承诺。在本书中,我们将重点放在柴尔德所吸收的马克思主义理论,但应当注意的是,柴尔德的马克思主义实践不仅限于此。如格林所展示的,除了直接参与澳大利亚政治之外,柴尔德在英国的 35 年里一直与左翼运动保持着密切联系,他对共产主义事业的忠诚从未被党内的朋友怀疑过(Green 1976,30ff.)。

鉴于马克思主义理论与实践密不可分,讨论柴尔德的马克思主义便无法绕开政治的话题。分析他的政治活动和信仰本不属于本研究的范畴。毫无疑问,这将是一个有趣的研究方向,但那应当由传记作者或现代历史学家来完成,而不是史前学家。但这里我将要讨论的是柴尔德对苏联学术,尤其是考古学的态度,因为这当然与他作为考古学家的工作有着密切的联系。

那么首先要强调的是,柴尔德的欧洲史前史研究并没有以马克思主义的历史观为发端。在《回顾》中,他坦承自己对欧洲史前史的最初看法是"传统政治军事史的史前版本,以文化代替政治家为主人公,以迁徙为主要事件,而非战争"(1958a,70)。但柴尔德在《回顾》中没有承认的是,他当时的思想与马克思主义存在多大的分歧。事实上,他对欧洲进步的最初解释强调智力发展是文化变迁的主要原因,这可以被视为历史唯物主义的反题。马克思主义主张以人类的技术、经济和社会演化为依据解释人类智力的发展,而柴尔德却认为后者是前者的解释。柴尔德假设语言和智力发展之间存在密切关系,因此认为使用雅利安语的民族是欧洲史前的主要进步力量和现代文明的始创者。

在《回顾》中,柴尔德将他的经济学研究法追溯到 1930 年出版的《青铜时代》,他认为青铜的使用意味着规律的贸易和社会分工(1958a,71)。然而,直到 1935 年,他才进一步发展了这种方法,在《变化中的史前史研究方法与目的》中,他将青铜时代的经济分析扩展到了石器时代和铁器时代。由此,他从经济学角度重新解释了三期说,认为三时代是由重要的经济革命所引发的不同经济阶段。

1935 年,柴尔德第一次访问苏联,他参观了列宁格勒和莫斯科的博物馆(935d),并对苏联考古理论有了一定的了解。如上所述,当时的苏联考古学坚定地采取演化论,基于恩格斯对摩尔根的解读,其主要的史前模型是第 153 页 3 概述的社会学模型。然而,柴尔德并不赞成苏联人根据生产关系对世界历史进行分期。虽然他能理解这一方案背后的原

_____

3   本书边码。

因,并承认社会结构对技术发展的影响,但在他看来,这不适合考古
分类。

> 仅仅是青铜冶炼的发明,或铜匠的出现,本身并不能产生新
> 的工具类型,也不能通过锯、轮式运输工具或金属镰刀来提高社
> 会生产力。铁本身的发现并不能为人类提供新的设备。换句话
> 说,正如斯大林所说,"与工具和技术等生产力要素一样,生产关
> 系也是社会生产中不可缺少的组成部分"。

> 因此,根据使用工具的财产关系的分类或许(比技术模型)
> 更为恰当。事实上,苏联考古学家试图在此基础上建立一个体
> 系,比如'前氏族阶段'、母系氏族阶段等等。但无论这在理论上
> 多么合理,问题在于,考古记录对史前社会的组织方式语焉不详。
> 因此,这个体系缺乏科学分类的基本条件。(1944b,23)

就此,柴尔德提出,与社会学模型相比,技术模型实际上对马克思
主义史观更有助益。他认为,技术模型阐明了经济当中的矛盾,而生
产力与生产关系间的矛盾是马克思主义变革观的核心。

> 事实上,可以说这是对传统分类体系的一种辩护,因为我们
> 可以从中发现物质生产力和生产关系之间的矛盾,而这对矛盾
> 是马克思主义极为重视的。(1944b,23)

然而,柴尔德从功能-经济学角度重新阐释三期说之后,也对这个
模型在学科中的作用有了全新的看法。他不再视其为一个时间框架,
而是称其为衡量"人类进步"的尺度。换言之,像苏联模式一样,它将
世界历史划分为不同的社会-经济阶段。然而,与后者不同的是,它不

157

是从狭义演化论的角度来构思的。柴尔德没有效仿苏联,放弃将传播视作重要的变革机制。

> 伪马克思主义的唯物主义会描述人类进步的阶段,认为考古时代(ages)在不同区域的自然环境的作用下独立(但不是同时)出现。但是没有任何理智的史前史学家会认为,在丹麦建造贝冢的斯特兰特卢珀人(strandloopers)是自己主动开始培育二粒小麦(emmer)并蓄养绵羊的。因为丹麦没有野生小麦可供栽培,森林里也没有野生绵羊。丹麦新石器时代文化的独特元素——栽培的植物和饲养的动物——只可能是通过某种方式从别处传播到波罗的海的。(1935c,12)

因此,在1939年版的《曙光》中,柴尔德承认自己的马克思主义只是有名无实。因为尽管他在对文化的描述中对社会进行了马克思主义的结构分析,"首先满足食物需求,其次是第二产业和贸易,然后才是社会和宗教机构"(1958a,72),但他并没有采纳正统的演化论观点来解释社会-文化变革。

但我们不应该忘记,在对东方史前史的解读中,柴尔德并没有限制对马克思主义理论的运用。他将东方的文化变迁解释为一个演化过程,而没有提及外部事件的影响。这个演化过程包含三个主要的社会-经济阶段:采集食物的蒙昧阶段、生产食物的野蛮阶段和文明阶段。此外,在分析史前苏格兰文化发展过程时,柴尔德明确地尝试了马尔主义的演化论,并确实认为这比传播论给出了更令人满意的答案(1946a)。但他并没有完全赞同苏联的理论,而是承认了迁徙和外来文化的影响。"苏格兰社会按照'普遍法则'发展这样的论述根本无法解释来自苏格兰的考古资料;而欧洲大陆的相关数据记录了外来文化因素的影响。"(1958a,73)值得一提的是,柴尔德曾在前一年明确表示,他认为苏联的做法是对帝国主义意识形态的反应,而不是对马克思或恩格斯著作的理解。

> 我不禁感觉,苏联史前史学家对德国理论的排斥已经超出了必要的程度。苏联考古学对传播论的否定并不是受到我所知的任何马克思和恩格斯著作的启发。我反而怀疑,那是他们出于特殊的国际政治局势,对唯物史观所做的补充,本质上是对意识形态帝国主义的一种反击。(1945d,6)

显然,柴尔德其实从来没有完全认同过苏联考古学的正统观点。他的历史和哲学理论与苏联考古学存在两个方面的重要分歧。第一,他没有运用苏联马克思主义的辩证法则;第二,他很少强调阶级在历史进程中的作用。

在苏联马克思主义理论当中,辩证法原理占据了终极自然法则的地位,所有其他法则都是从中衍生出来的(Jordan 1967, 394f.)。因此,马克思的历史和社会分析是以辩证法为基础的。辩证法成为凌驾于历史进程之上的永恒法则,不受历史变迁的影响。这显然有悖于柴尔德的现实观,因为柴尔德否认任何形式的超越性,无论是宗教的还是非宗教的。

在《历史》(1947)一书中,柴尔德并没有讨论马克思主义的辩证法理论,也没有提及辩证法在苏联马克思主义理论中的重要地位。我们可以认为,柴尔德对此有意避开不谈,以便将"辩证唯物主义"表述为"一种摆脱了超验主义和对外部法则依赖的历史观"(1947b,68)。因此,在《历史》中,柴尔德选择将马克思主义视为一种历史分析的原则,而非某种关于现象的变化规律。尽管如此,柴尔德并未公开驳斥

159　　辩证法,他似乎不愿意承认自己与当时的苏联马克思主义之间存在根本分歧。

　　但柴尔德仍无法避免在马克思主义理论的其他重要方面持相当非正统的态度,尤其是有关预测未来的问题。与苏联的马克思主义者不同,柴尔德并不认为根据辩证唯物主义法则,在全世界实现共产主义是历史发展进程的必然结果。

> 毫无疑问,这是一个好的目标,但并不能说这将是历史的必然结果。我们无法保证自己的社会不会像玛雅人那样消失,不会像中国那样僵化,也不能保证人类不会像始祖鸟或三趾马那样灭绝。(1947b,81)

　　柴尔德对辩证法避而不谈,是在含蓄地否认其有效性,及其对预测未来的作用。此外,在接近学术生涯尾声时,他对历史的进步性所持的信念似乎开始动摇。如前所述,当他确信欧洲文明正在不可逆转地走向一个新的黑暗时代时,这个信念受到了严重打击。到了五十年代初,这种忧虑似乎愈演愈烈,他不再思考欧洲文明的终结,而是担忧即将到来的"宇宙大灾难"。然而,尽管有这种潜在的悲观主义,他仍然坚信马克思主义有拯救人类的可能,认为马克思主义关于实现共产主义的愿景是他自己的灾难预言之外的另一种可能。

> 三十年来,西欧资产阶级文明一直经历着死亡之苦,《劳工月刊》不断揭露意识形态的扭曲,在这种扭曲中,社会意识掩盖了真正的问题。每个月,这本刊物都对国内外经济、工业和政治形势,以及趋势做出精湛的分析,向读者展示了严峻的现实。但同时,它也一直指出合理的路线,这些路线或许能带领我们避免

灾难。因为这些分析描绘了一个消除了阶级的和平社会的积极
愿景,并以之作为历史进程的逻辑顶点。随着宇宙灾难日益逼　160
近,我们更需要《劳工月刊》的激励。(1951c,342)

柴尔德与苏联马克思主义的第二个重大分歧在于阶级概念。我
在第四章曾提到,希尔和汤姆森都认为柴尔德对阶级概念的处理不
尽人意。希尔认为他低估了阶级冲突在历史进程中的作用,而汤姆森
则认为他没有充分强调各种历史秩序的阶级基础。这些批评符合苏
联关于生产关系较生产资料更为重要的观点。虽然柴尔德从未否认
生产关系在社会发展中的重要性,但他显然没有受同时代的马克思
主义者的影响而强调阶级,纵观他的整个学术生涯,他一直忠于自己
对马克思主义的技术经济解释。大概是因为这种对阶级问题的无感,
让汤姆森低估了柴尔德在历史分析中对阶级的理解。如上所述,柴尔
德在《历史》中的一个最主要观点,便是将史学家置于一个社会阶层
进行考察,并强调这个阶层如何对历史观产生影响。

尽管有这些批评,《历史》还是受到了英国马克思主义者的广泛
认可,被认为"证明了历史唯物主义是对历史唯一令人满意的解释"
(Lilley 1949,263)。随着《历史》的出版,柴尔德不仅明确了他的马克
思主义立场,还为读者指明了这条理论道路。或许最重要的是,《历
史》反映了柴尔德为理解历史进程所做的冷静的思考。从他的现实
观来看,这些思考将他带往马克思主义也许是一种必然。然而鉴于柴
尔德对学术的真诚,他与苏联马克思主义的分歧似乎同样是一种必
然——因为他学术的目的显然不是为了验证苏联人的观点。

然而,尽管柴尔德与苏联之间存在分歧,但那并不意味着他的方
法是非马克思主义的,因为正如萨维尔(Saville)所指出的,马克思主
义和苏联学术不一定是一回事。事实上,他认为正是因为这两者之间　161

经常被错误地画上等号，才导致马克思主义研究声誉受损。

> 苏联在历史和社会科学领域的著作，除了少数例外，充其量是索然无味，更甚者充斥着教条和偏见，这对马克思主义研究的声誉造成了令人沮丧的影响。(Saville 1975,5)

在柴尔德的一生中，英国考古学界总体上对马克思主义的原则所知甚少，主要将其视为政治教条而非历史模型(Daniel 1949,1958)。即使在今天，它也经常被描绘成一种粗糙的机械论唯物主义(Clark 1976)。

尽管他的英国同行们对马克思主义方法的基本原理及其与史前史的相关性一无所知，柴尔德似乎对此毫不介意——他的著作大部分都是在考古学学科之外，要么是理论著作，比如《历史》，要么是在激进的期刊上，比如《现代季刊》。在他面向大众的著作中，柴尔德对马克思主义理论做过简单的引介，如《人类创造自身》或《历史上发生过什么》中的马克思主义，或《苏格兰人之前的苏格兰》中的马尔主义，但都不足以让读者领略历史唯物主义的复杂与微妙之处。

而柴尔德确实有一次尝试较详细地论述了马克思主义作为考古学的阐释工具有何价值。1949 年，丹尼尔在《剑桥期刊》(Cambridge Journal,1949)上发文，批判苏联史前史研究具有政治宣传性质。柴尔德写了《史前史与马克思主义》(Prehistory and Marxism)一文作为对丹尼尔的回应。在成文 30 年后，这篇文章终于在《古物》(1979)杂志上发表(那时候，《剑桥期刊》的编辑迈克尔·奥克肖特腾不出发表此文的版面)。这里，与在《历史》中一样，柴尔德强调马克思主义历史决定论不是机械的。

马克思主义的历史决定论,假设历史过程不仅仅是一连串无法解释或不可思议的事件,而是所有组成事件都是相互关联的,并形成一个可理解的模式。但是这种关系并不是机械的。这个过程不是重复的,也不是预先确定的,就像机器一样,无论多么复杂,只能生产固定的产品。即便如此,历史还是存在一个模式,未发生的部分必须与已经发生的部分相协调,尽管可能有不同的方式来完成这个模式。(1979,93)

在柴尔德看来,马克思主义是唯物主义的,因为它把人类必须获取食物才能生存这一基本生物学事实作为理解历史进程模式的第一条线索。

一个显而易见的事实是,人类不吃东西就无法生存。因此,一个社会存在,便意味着社会当中的人能够获得足够的食物来维持生存和繁殖。若一个社会的信仰或制度认可完全切断食物供应(例如,如果所有埃及农人都觉得有义务全年工作来建造一个超级金字塔),或者停止生育(就像对独身美德的普遍而狂热的信念所做的那样),那么这个社会将很快消亡。在这种有限的情况下,很明显,食物供应起着决定作用,包括对社会的信仰和理想。同样,人们获取食物的方式便也具有类似的决定作用。从长远来看,人如何维持生存应该能够"决定"他们的信仰和制度。(1979,93)

柴尔德通过强调技术、社会和环境之间的相互作用,以及关注社会而不是个人,将马克思主义与环境主义或地理决定论进行了鲜明的区分。

关于社会的分类,他指出,摩尔根-恩格斯模型只在整体性层面适用。在这个模型的三个阶段中的每一个阶段,都存在大量不同的经济体系,对应着不同的社会和意识形态上层建筑。因此柴尔德认为,马克思主义史前史学家在使用民族志类比时比其他人更加谨慎。

虽然柴尔德与苏联的马克思主义正统观念存在分歧,但他对苏联的政策或学术仍然是同情的。事实上,他在整个学术生涯中,一直对苏联的社会主义实验和苏联的学术给予了积极的评价。例如,1935年,他为"史前学会"回顾前一年的访苏经历时,就对位于列宁格勒的苏联科学院物质文化史研究所(G. A. I. M. K.)和苏联的新国家博物馆十分赞赏(1935d)。尽管他对苏联考古的政治宣传功能并非一无所知,但他的报告淡化了国家对考古学家思想的控制程度,也并没有提到持不同政见的考古学家的消失。因此,他的文章引起的不满可想而知。1936 年,格雷厄姆·克拉克在《苏联考古:图画的另一面》(Russian Archaeology: the other side of the picture)一文中试图对柴尔德一味乐观的描述做出纠正。根据芬兰考古学家塔尔格伦访苏归来对苏联史前学的介绍[4],他承认博物馆或许应当得到认可,但强调说,这完全是国家强制执行的,而且与此同时,许多著名的俄罗斯考古学家也失踪了。

但我们希望强调的事实是,博物馆藏品的重新整理是根据"新的强制性规则"进行的。事实上,苏联考古学已经成为布尔什维克的宣传部。此外,从塔尔格伦教授的叙述中也可以明显看

4　塔尔格伦(A. M. Tallgren, 1885—1945),芬兰考古学家,1935 年访问列宁格勒苏联科学院物质文化史研究所,苏联授予他荣誉院士。第二年,发表《苏联考古学研究》,揭露苏联的阴暗面,被苏联取消院士资格,并拒绝其再次入境。

出,拒绝服从宣传主管的命令的学者已经被无情地清除了。
（Clark 1936,248）

对此,柴尔德没有直接回复,但在 1940 年的另一份有关苏联考古的报告中,他提出担心"对苏联内政外交政策的不满将致使科学界对俄国考古的地位持不恰当的悲观态度"（1940b, 110）。他指出,自他 1934 年访苏以来苏联考古学取得了进步,提到了新的出版物,特别是《苏联考古》（Sovietskaya Archaeologiya）,他认为比此前的期刊更好。尽管如此,他不得不承认社论中表达的观点令人沮丧,尤其是以下关于苏联考古学的观点。

为反对法西斯在考古学领域的伪科学理论,不停揭露法西斯对考古学事实的伪造,这是以建立客观真实的科学为己任的苏维埃考古学家不容推卸的责任;毫不留情地反对对马克思-列宁主义的各种篡改。（1940b,110）

然而,有趣的是,他在这篇报告中确实为苏联考古学的史前社会学模式进行辩护。

"异教徒"（gentile）、"前阶级"（pre-class）之类的范畴或许的确值得商榷。但我不确定它们是否真的比十年前英语中使用的"新石器时代""青铜时代"更糟糕。史前考古学在很大程度上基于对工具和武器的研究,这自然有助于"唯物主义的解释"。（1940b,110）

1952 年,柴尔德在《苏联考古机构》（Archaeological Organization in the

U. S. S. R.)一文中再一次为苏联考古辩护,他拿苏联考古与英国考古相比较。早在 1940 年,他就认为,在英国,这门学科的科学地位不仅没有得到承认,还缺乏政府的资金支持,因而考古学家被迫为有限的经费你争我夺,反而不利于他们的工作,他们为发掘选址,只强调个人的兴趣,而无视那些看上去不太吸引人但实际上很有理论价值的国内遗址。相反,在苏联,考古被完全纳入国家体制,考古学家可以专注于科学研究,集中精力对国内遗址进行全面挖掘,获取经济、人口密度和社会结构等方面的知识。此外,苏联考古学家可以为解决理论问题而进行选址挖掘,而无须像英国考古学家一样,为募集博物馆展品而操心费力,"以便博物馆能以每人 6 便士的价格向公众开放"(1952d,25)。

同样,他还为苏联的思想自由辩护,认为马克思主义作为一种历史哲学并未限制考古研究。

> 让我提醒你,马克思主义并不是告诉人们过去发生了什么的教条(假如是这样,倒不用费力进行考古挖掘了),而是一种解释方法和一种价值体系。(1952d,25)

关于发表,他认为英国考古学家和苏联考古学家一样,同样受杂志刊发空间的限制。然而这个说法很难令人信服,作者说,他有意回避苏联当时盛行的审查制度。

需要指出,柴尔德此文尤其重要,因为写于 1950 年斯大林在《真理报》(*Pravda*)撰文批判马尔之后。如上所述,马尔对苏联考古学的发展进程产生过深远的影响。在很大程度上,他引导了苏联共产党对社会文化变革持狭义的演化论观点。这一观点将文化发展视为一种原生的(autochthonous)、阶段化的过程,即一种平行演化论。而斯大林对马尔的批判标志着苏联考古学的一个重要转折点,此后,传播论和迁徙说作为文化交流的解释才逐渐被接受。

显然,柴尔德支持这一转折,因为他从未赞同苏联对传播论和迁徙说的排斥。但柴尔德认为,这是当时的苏联考古学对西方理论的必然反应,因为,用他的话讲,在当时讲传播论无异于"为希特勒主义的意识形态辩护"(1952d,26)。

四年后,在《重缀过去》(1956)中,柴尔德认为,1950年苏联排斥传播论,也并非对史前史研究没有好处。

> 事实上,这种方法能够让史前史学家对文化进行更深入的研究,而不是简单的移民解释,这样能得到对数据中被忽视的部分更深刻的理解。(1956a,153)

而与此同时,他也对当时苏联时兴的机械论马克思主义持批评态度。

> 卡尔·马克思关于生产力和生产关系之间相互依存的论证十分令人信服,因为技术只能在适合的经济或产品分配系统中发挥作用,而生产关系又决定了长期的意识形态上层建筑——道德和法律准则、迷信、艺术形式、宗教信仰等等。简而言之,这相当于我们所说的"物质文化决定精神文化"。许多马克思主义者,甚至1950年以前的苏联马克思主义者,误把"决定"理解为"导致"。
> 事实上,马克思提出的技术决定论绝不是机械的因果关系。(1956a,53)

在他为伦敦大学考古学研究所所做的最后一次发言——《告别辞》

166　（Valediction）——中,柴尔德再次对苏联史前学的马尔主义时代提出
了批评。

> 社会发展的普遍规律,其实远远没有 1950 年之前的马尔主
> 义者所认为的那么多,也远没有那么可靠 …… 马尔主义者推崇
> "社会演化的一致性",虽然貌似能够解释具体文化的发展模式,
> 但完全不能够解释文化之间的差异,甚至将文化差异视为无关
> 紧要而抹杀掉。（1958c,5—7）

但这并不意味着柴尔德对马克思主义整体否定（Clark 1976, 3, 9）,
而是他反对苏联的马尔主义考古学家对马克思主义的误读。这是柴
尔德一以贯之的立场,而绝非他对历史唯物主义信仰的幻灭。

而柴尔德的马克思主义与苏联的正统性不合,他的研究也从未
被苏联接受。

> 在资产阶级学者中,不仅有我们意识形态上的敌人,还有进
> 步学者,他们是我们国家的朋友,非常了解我们科学的普遍意义。
> 戈登·柴尔德便是英国考古学家中的一例。尽管柴尔德还没有
> 成功地克服资产阶级科学的许多错误,但他明白科学真理在社
> 会主义阵营,并不羞于称自己是苏联考古学的门徒。（Mongait
> [1950] in Miller 1956,151）

尽管柴尔德对马克思主义的追随将他引向了苏联学术界,但他
并未过多地受其影响。柴尔德的马克思主义从来都是他个人理解的
马克思主义。他从不打算迎合任何流行的和正统的概念,而更乐于让
它服务于自己的研究目的。对他来说,马克思主义是为考古服务的,

他并不打算让学术屈从于一种政治的、"他者"的哲学。

柴尔德从未固守任何特定理论，不论是马克思主义、传播论或功能主义学说。相反，他是把各种理论综合在一起，用来理解史前史的各种现象，总结出社会、文化变迁的模式。柴尔德相信，史前史不仅仅是一连串的事件，而且存在着一种模式。正是为探寻和阐释这个模式，柴尔德倾注了一生心血。

167

部分参考文献

缩　写

A. J. A.　= American Journal of Archaeology

A. S. A.　= Annual of the British School of Athens

J. H. S.　= Journal of the Hellenic Society

J. R. A. I.　= Journal of the the Royal Anthropological Institute

P. P. S.　= Proceedings of the Prehistoric Society

P. S. A. S.　= Proceedings of the Society of Antiquaries of Scotland

Acton, H. B.

　1974 'The Marxist Outlook', *Philosophy* 22, 208-230

　1955 *The Illusion of the Epoch*: *Marxism-Leninism as a Philosophical Creed*. London

Adams, R. McC.

　1996 *The Evolution of Urban Society*. Chicago

　1968 'Archaeological Research Strategies, Past and Present', *Science CLX*, 118-192

Allen, J.

　1967 'Aspects of V. Gordon Childe', *Labour and History XII*, 52-59

Banton, M. P. (Ed.)

　1961 *Darwinism and the Study of Society*. London

Barker, E., Clark, G., and Vaucher, P. (Eds.)

　1954 *The European Inheritance*. Oxford

Bierstedt, R.

　1966 *Émile Durkheim*. London

Binford, L. R.

　1968 'Archaeological Perspectives' in (Binford, S. R. and Binford, L. R. [Eds.] 1968) 5-32

　1968 'Post Pleistocene Adaptations' in (Binford, S. R. and Binford, L. R. [Eds.] 1968) 313-341

　1972a 'Archaeology as Anthropology' in (Leone, M. [Ed.] 1972) 93-101

　1972b 'Archaeological Systematics and the Study of Culture Process' in (Leone, M. [Ed.]) 125-132

169

Binford, S. R. and Binford, L. R. (Eds.)

1968 *New Perspectives in Archaeology*. Chicago

Birdsell, J.

1958 ' On Population Structure in Generalised Hunting and Collecting Populations', *Evolution* 12 (2) 189–205

1968 'Some Predictions for the Pleistocene Based on Equilibruim Systems among Recent Hunter. Gatherers' in (Lee, R. B. and De Vore, I. [Eds.]) 229–240

Bloch, M.

1975 *Marxist Analyses and Social Anthropology*. London

Bober, M.

1927 *Karl Marx's Interpretation of History*. Cambridge (Mass.)

Boserup, E.

1965 *The Conditions of Agricultural Growth : The Economics of Agrarian Change under Population Pressure*. London

Bottomore, T. B.

1965 *Marx's Social Theory*. London

1963 *Introduction to Karl Marx*. London

Bottomore, T. B. and Rubel, M. (Eds.)

1956 *Karl Marx : Selected Writings in Sociology and Social Philosophy*. London

Braidwood, R. J.

1951 Prehistoric Men. Chicago.

1952 'From Cave to Village', *Scientific American* 187 (4) 62–66

1960 ' The Agricultural Revolution ', *Scientific American* 203, 130–141

1960 ' Levels in Prehistory: a model for consideration of the evidence' in (Tax, S. [Ed.] 1960) (2), 143-152

Braidwood, R. J. and Howe, B.

1960 *Prehistoric Investigations in Iraqi Kurdistan*. Chicago

Braidwood, R. J. and Willey, G. R. (Eds.)

1962 *Course Towards Urban Life*. Edinburgh

Braithwaite, R. B.

1960 Scientific Explanation. New York

Bray, W.

1973 ' The Biological Basis of Culture' in (Renfrew, C. [Ed.] 1973) 73-92

Brown, J. A.

1892 ' On the Continuity of the Palaeolithic to Neolithic Period ', J. R. A. I. 22, 69-98

Burkitt, M. C.

1923 *Our Forerunners*. London

Burnham, P.

1973 ' The Expanatory Value of the Concept of Adaptation in Studies of Culture Change' in (Renfrew, C. [Ed.] 1973) 93-104

Bury, H. J.

1932 *The Idea of Progress*. New York

Chang, K. C.

1967 *Rethinking Archaeology*. New York.

Childe, V. G.

1915 ' On the Date and Origin of Minyan Ware ', *J. H. S. XXXV*, 196-207

170

1922 'The Present State of Archaeological Studies in Central Europe', *Man xxii*, No. 69

1923a *How Labour Governs*. London

1923b 'Obituary: Jaroslav Palliardi', Man xxii, No. 64

1925a *The Dawn of European Civilization*. London

1925b 'Obituary: Dr. Ferencz Laszlo', *Man xxv*, No. 110

1925c 'When Did the Beaker Folk Arrive?', *Archaeologia L XIV*, 159-178

1926a *The Aryans*. London

1926b 'Traces of the Aryans on the Middle Danube', *Man xxv*, No. 100

1927a *The Dawn of European Civilization*(2nd edition), London

1927b 'The Danube Thoroughfare and the Beginnings of Civilization in Europe', *Antiquity I*, 79-91.

1928 *The Most Ancient East: the Oriental Prelude to European Prehistory*. London

1929 *The Danube in Prehistory*. Oxford

1930a *The Bronze Age*. Cambridge

1930b 'New Views on the Relations of the Aegean and the North Balkans', *J. H. S.* 50 (2), 255-262

1931a *Skara Brae: A Pictish Village in Orkney*. London

1931b 'The Forest Cultures of Northern Europe: A Study in Evolution and Diffusion', *J. R. A. I. LXI*, 325-348

1932a 'A Chronological Table of Prehistory' (with M. C. Burkitt), *Antiquity VI*, 185-205

1932b 'Russia: a new anthropological museum', *Man xxxii*,

No. 53

1933a 'Is Prehistory Practical?' *Antiquity VII*, 410-418

1933b 'Races, Peoples and Cultures in Prehistoric Europe', *History N. S. XVIII*, No. 21, 193-203

1934 *New Light on the Most Ancient East, the Oriental Prelude to European Prehistory.* London

1935a *New Light on the Most Ancient East* (2nd Edition, revised). London

1935b *The Prehistory of Scotland.* London

1935c 'Changing Methods and Aims in Prehistory: Presidential Address for 1935', *P. P. S. I*, 1-15

1935d 'Prehistory in the U. S. S. R. ', *P. P. S. I*, 151-153

1936a *Man Makes Himself.* London

1936b 'The Antiquity of Nordic Culture', Man xxxvi, No. 83

1936c 'International Congresses on the Science of Man', *Nature* 137, 1074

1936d 'Man and Forest in Prehistoric Europe' (review of *The Mesolithic Settlement of Northern Europe* by J. C. D. Clark), Nature 138, 95

1937a 'Neolithic Black Ware in Greece and on the Danube', *B. S. A. xxxvii*, 26-35

1937b 'Adaptation to the Post Glacial Forest on the North Eurasiatic Plain', in (MacCurdy, C. J. [Ed.] 1937) 233-242

1937c 'A Prehistorian's Interpretation of Diffusion', in (Harvard Tercentenary Publications [Ed.] 1937) 3-21

1937d 'The Antiquity of the British Bronze Age', *American Anthropologist* 39, 1-22

1937e 'The Indus Civilization', *Antiquity XI*, 351

1938 'The Orient and Europe: Presidential Address to Section H (Anthropology) of the British Association', *The Advancement of Science* 1938, 181-196

1939a *The Dawn of European Civilization* (3ʳᵈ edition, revised and reset), London

1939b 'The Orient and Europe', *A. J. A. XLIV*, 10-26

1940a *Prehistoric Communities of the British Isles*. London and Edinburgh

1940b 'Archaeology in the U. S. S. R', *Nature* 145, 110-111

1941 'The History of Civilization', *Antiquity XV*, 1-14

1942a *What Happened in History*. Harmondsworth

1942b 'Prehistory in the U. S. S. R. I. Palaeolithic and Mesolithic. A. Caucasus and Crimea', *Man xlii*, No. 59

1942c 'Prehistory in the U. S. S. R. I. Palaeolithic and Mesolithic. B. The Russian Plain', *Man xlii*, No. 60

1943a 'The Study of Anthropology', *Antiquity XVII*, 213-214

1943b 'Archaeology in the U. S. S. R. The Forest Zone', *Man xliii*, No. 2

1943c 'The Mesolithic and Neolithic in Northern Europe', *Man xliii*, No. 17

1943d 'Archaeology as a Science', *Nature* 152, 22-23

1944a *The Story of Tools*. London

1944b 'Archaeological Ages as Technological Stages: Huxley Memorial Lecture, 1944', *J. R. A. I. LXXIV*, 7-24

1944c 'The Future of Archaeology', *Man xliv*, No. 7

1944d 'Recent Excavations on Prehistoric Sites in Soviet Russia', *Man xliv*, No. 29

1944e 'Historical Analysis of Archaeological Method' (Review of *The Three Ages* by G. E. Daniel), *Nature* 153, 206-207

1945a *Progress and Archaeology*. London

1945b 'Archaeology and Anthropology in the U. S. S. R.', *Nature* 156, 224-225

1945c 'Rational Order in History', *The Rationalist Annual*, 1945, 21-26

1945d 'Introduction to the Conference on the Problems and Prospects of European Archaeology' (16-17 September 1944), *University of London Institute of Archaeology*, *Occasional Paper*, No. 6, 6-12

1946a *Scotland Before the Scots*: being the Rhind Lectures for 1944. London

1946b 'Human Cultures as Adaptations to Environment', *Geog. Journal CVIII*, Nos. 4-6, 227-230

1946c 'The Social Implications of the Three " Ages " in Archaeological Classification', *The Modern Quarterly*, *N. S. I.*, 18-33

1946d 'Archaeology and Anthropology', *Southwestern Journal of Anthropology* 2, No. 3, 243-251

1947a *The Dawn of European Civilization* (4th edition, revised and reset). London

1947b *History*. London

1947c 'The Final Bronze Age in the Near East and in Temperate

Europe', Arch. News Letter 2, 9–11

1947d Archaeology as a Social Science: Inaugural Lecture. University of London, Institute of Archaeology, Third Annual Report, 49–60

1948 'Culture Sequence in the Stone Age of Northern Europe', Man xlviii, No. 44

1949a Social Worlds of Knowledge. London. L. T. Hobhouse Memorial Lecture, No. 19, delivered on 12 May 1948 at King's College, London

1949b 'The Origin of Neolithic Culture in Northern Europe', Antiquity XXIII, 129–135

1949c 'The Sociology of Knowledge', The Modern Quarterly N. S. IV, 302–309

1949d 'Organic and Social Evolution', The Rationalist Annual, 1949, 57–62

1950a The Dawn of European Civilization (5th edition, revised). London

1950b Prehistoric Migrations in Europe. London

1950c Magic Craftsmanship and Science. The Frazer Lecture, delivered at Liverpool on 10 November 1949. Liverpool

1950d 'Social Evolution in the Light of Archaeology', Mankind 4 No. 5, 175–183

1950e 'The Urban Revolution', The Town Planning Review XXI, No. 1, 3–17

1951a Social Evolution. London

1951b 'The Framework of Prehistory', Man li, No. 119

1951c '30th Anniversary Messages of Greeting', Labour Monthly 33, No. 7, 342

1952a *New Light on the Most Ancient East* (4th edition, rewritten). London

1952b *Old World Neolithic*. Inventory Paper for the Wenner-Gren International Symposium on Anthropology. New York City, 9–20 June 1952; Paper No. 10, 1–21, duplicated

1952c 'The Birth of Civilization', *Past and Present* 2, 1–10

1952d 'Archaeological Organization in the U. S. S. R. ', *The Anglo-Soviet Journal* 13 (3), 23–26

1953 ' The Constitution of Archaeology as a Science ', in (Underwood, E. A. [Ed.] 1953) 3–15

1954a ' Prehistory. 1. Man and His Culture. 2. Pleistocene Societies in Europe. 3. The Mesolithic Age', in (Barker, E., Clark, G. and Vaucher, P. [Eds.] 1954) 11–27, 29–38

1954b 'Early Forms of Society' in (Singer, C., Holmyard, E. J., and Hall, A. R. [Eds.] 1954) 38–57   174

1954c ' The Stone Age Comes to Life ', *The Rationalist Annual* 1954, 1–7

1956a *Piecing Together the Past: The Interpretation of Archaeological Data*. London

1956b *A Short Introduction to Archaeology*. London

1956c *Society and Knowledge*. New York

1956d 'The Past, the Present and the Future' (Review of *History in a Changing World* by G. Barraclough), *Past and Present* 10, 3–5

1957a *The Dawn of European Civilization* (6th edition, revised). London

1957b ' The Bronze Age', *Past and Present* 12, 2–15

1958a 'Retrospect', *Antiquity* 32, 69-74

1958b *The Prehistory of European Society*. Harmondsworth

1958c 'Valediction', *Bull. Inst. Archaeol.* London Univ. , 1, 1-8

1979 'Prehistory and Marxism', *Antiquity LIII*, 93-97

Clark, J. G. D.

1936 'Russian Archaeology: the other side of the Picture', *P. P. S.*
2, 248-249

1952 *Prehistoric Europe: the Economic Basis*. London

1965 'Radiocarbon Dating and the Expansion of Farming Culture
from the Near East over Europe', *P. P. S. XXXI*, 58-73

1966 'The Invasion Hypothesis in British Archaeology', *Antiquity*
40, 172-179

1976 'Prehistory since Childe', *Bull. Inst. Archaeol.* London Univ.

Clarke, D.

1968 *Analytical Archaeology*. London

- (Ed.) (1972) *Models in Archaeology*. London

1973 'Archaeology: the Loss of Innocence', *Antiquity* 47, 6-18

Clauson, G. (Sir)

1973 'Philology and Archaeology', *Antiquity XLVII*, 37-43

Cole, G.

1934 *What Marx Really Meant*. London and Southampton

Collins, D.

1973 'Epistemology and Culture Tradition Theory' in (Renfrew, C. ,
[Ed.] 1973) 53-58

Collingwood, R. G.

1946 *The Idea of History*. Oxford

Cornforth, M.

1952 *Dialectical Materialism: an Introductory Course.* London

1965 *Marxism and the Linguistic Philosophy.* London   175

Crawford, O. G. S.

1921 *Man and His Past.* Oxford

1926 Review of *The Dawn of European Civilization* by V. Gordon Childe, *Antiquaries Journal* 6, 89-90

1936 'Human Progress: a review' (of *Man Makes Himself* by V. Gordon Childe), Antiquity 10, 391-404

1943 Review of *What Happened in History* by V. Gordon Childe, *Antiquity* 17. 101-103

Daniel, G.

1943 *The Three Ages.* Cambridge

1949 'A Defence of Prehistory', *The Cambridge Journal* 3, 131-147

1950 *A Hundred Years of Archaeology.* London

1958 Editorial, *Antiquity* 32, 65-68

1962 *The Idea of Prehistory.* London

1967 *The Origins and Growth of Archaeology.* Harmondsworth

1968 The First Civilizations: The Archaeology of their Origins. London

1971 'From Worsaae to Childe: the models of prehistory', *P. P. S.* 38, 34-39

1975 A Hundred and Fifty Years of Archaeology. London

1977 Editorial, *Antiquity LI*, 3, 4

Darlington, C. D.

1969 *The Evolution of Man and Society.* London

Darwin, C.

1875 *The Variation of Plants and Animals under Domestication*. London

Dawkins, W. B.

1894 'On the Relation of the Palaeolithic to the Neolithic Period',
J. R. A. I. 23, 242-254

Deevy, E. S.

1960 'The Human Population', *Scientific American* 203, 1, 194-204

de Pradenne, V.

1935 'The World Wide Expansion of Culture', *Antiquity IX*, 305-310

Dobb, M.

1966 'Marx on Pre-Capitalist Economic Formations', *Science and Society* 30, 319-325

Dumond, D. E.

1965 'Population Growth and Cultural Change', *Southwestern Journal of Anthropology* 21, 4, 302-324

Durkheim, E.

1915 The Elementary Forms of Religious Life (trans. J. W. Swain). London and New York

Dutt, R. P.

1957 'Professor V. Gordon Childe', *The Times*, Oct. 24. London

Ellis, J. and Davies, R. W.

1951 'The Crisis in Soviet Linguistics', *Soviet Studies* 2, 209-265

Engels, F.

1935 *Anti-Duhring*(trans. E. Burns). London. (Orig. 1878.)

1940 *Dialectics of Nature*(trans. E. Burns). London. (Orig. 1876.)

1940 *The Origin of the Family Private Property and the State*(trans.

A. West). London. (Orig. 1884.)

Firth, R.

1975 'The Sceptical Anthropologists? Social Anthropology and Marxist Views on Society' in (Bloch, M. [Ed.] 1975), 29-60

Flannery, K. V.

1968 'Origins and Ecological Effects of Early Domestication in Iran and the Near East' in (Ucko, P. J. and Dimbleby, G. W. [Eds.] 1968) 73-100

Ford, J. A.

1954 'The Type Concept Revisited ', *American Anthropologists* 56 (1), 42-54

Friedman, J. and Rowlands, M. J.

1978 *The Evolution of Social Systems.* London

Fritz, J. M. and Plog, F.

1970 'The Nature of Archaeological Explanation ', *American Antiquity* 35, 405-412

Garn, S.

1957 'Race and Evolution ', *American Anthropologist* 59, 218-224

Gathercole, P.

1971 'Patterns in Prehistory: an Examination of the Later Thinking of V. Gordon Childe ', *World Archaeology* 3, 225-232

Goldenweiser, A.

1937 *Anthropology: An Introduction to Primitive Culture.* New York and London

Gollan, R.

1964 Review of *How Labour Governs* by V. Gordon Childe, *Labour*

History 7, 61‑62

Green, S.

1976 *A Biography of V. Gordon Childe*(unpublished BA thesis)

Greene, J. C.

1961 *Darwin and the Modern World View.* Houston, Texas

Halbawchs, M.

1960 *Population and Society: An Introduction to Social Morphology.* Illinois

Harlan, J. R.

1967 ' A Wild Wheat Harvest in Turkey ', *Archaeology* 20 (3), 197‑201

Harris, J. C.

1971 'Explanation in Prehistory', *P. P. S.* 37, 38‑55

Harris, M.

1968 *The Rise of Anthropological Theory.* London

Harvard Tercentenary Publications

1937 *Independence, Convergence and Borrowing in Institutions, Thought and Art.* Cambridge (Mass.)

Harvey, D.

1969 *Explanation in Geography.* London

Hawkes, C.

1940 *The Prehistoric Foundations of Europe.* London

1954 ' Archaeological Theory and Method: Some Suggestions from the Old World', *American Anthropologist* 56 (1), 155‑168

1973 ' Innocence Retrieval in Archaeology ', *Antiquity* *XLVII*, 176‑179

177

Heizer, R. F.

　　1962 'The Background of Thomsen's Three Age System ',
Technology and Culture 3, 259-266

Hempel, C. G.

　　1967 *Aspects of Scientific Explanation and Other Essays in the Philosophies of Science.* New York

Hill, C.

　　1949 Review of *History* by V. Gordon Childe, *The Modern Quarterly*
N. S. 4, 259-262

Hobsbawm, E. (Ed.)

　　1965 *Karl Marx*: *Introduction to Precapitalist Economic Formations.*
New York

Hodder, I. (Ed.)

　　1978 *The Spatial Organisation of Culture.* London

Jordan, Z.

　　1967 *The Evolution of Dialectical Materialism*: *a Philosophical and Sociological Analysis.* New York

Klejn, L. S.

　　1970 'Archaeology in Britain: A Marxist View ', *Antiquity* 44, 296-303

　　1973 'Marxism, the Systemic Approach and Archaeology ', in
(Renfrew, C. [Ed.] 1973) 691-710

Kossinna, G.

　　1911 *Die Herhunft der Germamen.* Leipzig.

　　1912 *Die Deutsche Vorgeschichte ein Hervorragend Nationale Wissenschaft.* Berlin

1921 *Die Indogermanen*. Berlin

Kroeber, A.

1952 *The Nature of Culture*. Chicago

Kroeber, A. and Kluckholn

1952 *Cultural, A Critical Review of Concepts and Definitions*. Cambridge (Mass.)

Leacock, S.

1963 Introduction to L. H. Morgan, *Ancient Society*, New York

Lee, R. B. and de Vore, I. (Eds.)

1968 *Man the Hunter*. Chicago

Leff, G.

1961 *The Tyranny of Concepts: A Critique of Marxism*. London

Leone, M. (Ed.)

1972 *Contemporary Archaeology*. Southern Illinois Univ. Press

Lewis, C. and Short, C.

1966 *A Latin Dictionary*. Oxford.

Lilley, S.

1949 Review of *History* by V. Gordon Childe, *The Modern Quarterly* N. S. 4, 262-265

Lowie, R. H.

1938 *The History of Ethnological Theory*. London

Lowther, G. R.

1962 ' Epistemology and Archaeological Theory ', *Current Anthropology III*, 495-509

Lubbock, J.

1865 *Prehistoric Times, as Illustrated by Ancient Remains and the*

178

Manners and Customs of Modern Savages. London

Lukacs, G.

1966 ' Technology and Social Relations ', *New Left Review* 39, 27–30

Lynch, B. P. and Lynch, T. F.

1968 ' The Beginnings of a Scientific Approach to Prehistoric Archaeology in 17th and 18th Century Britain ', *Southwestern Journal of Anthropology* 24, 33–65

MacAlister, R. [Ed.]

1921 *A Textbook of European Archaeology*, Cambridge

MacCurdy, C. G.

1937 *Early Man*. Philadelphia

Malinowski, B.

1922 *Argonauts of the Western Pacific*. New York

1935 *Coral Gardens and their Magic*. London

Mallory, J. P.

1976 ' Time Perspective and Proto Indo-European Culture ', *World Archaeology* 8 (1), 44–56

Mellar, D. H.

1951 ' Do Cultures Exist? ', in (Renfrew, C. [Ed.] 1973) 59–71

Miller, M.

1951 ' Marr, Stalin and the Theory of Language ', *Soviet Studies* 2, 364–371

1965 *Archaeology in the U. S. S. R.* New York

Mongait, A.

1959 *Archaeology in the U. S. S. R.* Moscow

Morgan, C.

1973 ' Archaeology and Explanation ', *World Archaeology* 4, 259-276

Morgan, L. H.

1877 *Ancient Society*. New York

Naroll, R.

1964 'On Ethnic Unit Classification', *Current Anthropology* 5, 283-291

Oates, J.

1972 'Prehistoric Settlement Patterns in Mesopotamia', in (Ucko, J., Tringham, R. and Dimbleby, G. W. [1972]) 299-310

Ogden, C. and Richards, I.

179   1923 *The Meaning of Meaning*. London and New York

Peake, H. J.

1922 *The Bronze Age and Celtic World*. London

1927 'The Beginning of Civilization', *J. R. A. I.* 57, 19-38

Peake, H. J. and Fleure

1927 *The Corridors of Time*. Oxford

Penniman, T. K.

1965 *A Hundred Years of Anthropology*. London

Perry, W. J.

1923 *The Children of the Sun*. London

Persons, S. (Ed.)

1950 *Evolutionary Thought in America*. New Haven

Piggott, S.

1958a ' The Dawn: And An Epilogue', *Antiquity* 32, 75-79

1958b ' Vere Gordon Childe ' , *Proc. Brit. Acad. XLIV*, 305–312

1965 *Ancient Europe from the Beginnings of Agriculture to Classical Antiquity. A Survey.* Edinburgh

Poliakov, L.

1974 *The Aryan Myth* (trans. E. Howard). London

' Professor V. Gordon Childe: An Eminent Prehistorian' Obituary Notice. *The Times*, 21 Oct. 1957

Radcliffe-Brown, A. R.

1935 ' On the Concept of Function in the Social Sciences ' , *American Anthropologist* 37, 394–402

1952 *Structure and Function in Primitive Society.* London

Ravetz, A.

1959 ' Notes on the Work of V. Gordon Childe ' , *New Reasoner* 10, 59–65

Renfew, C.

1967 ' Colonialism and Megalithismus ' , *Antiquity* 41, 276–288

1969 ' Trade and Culture Process in Europe ' , *Current Anthropology* 10, 151–169

1973 *Before Civilization: the Radiocarbon Revolution and Prehistoric Europe.* London

– (Ed.) (1973) *The Explanation of Culture Change: Models in Prehistory.* London

1978 ' Space Time and Polity ' , in (Friedman and Rowlands [1978]) 89–112

1979 *Problems in European Prehistory.* Edinburgh

Rhind, A. H.

1856 ' On the History of the Systematic Classifiction of Primeval Relics ', *Arch. Journal* 13, 209-214

Rouse, I.

1965 ' The Place of Peoples in Prehistoric Research ', *J. R. A. I.* 95 (1), 1-15

Saville, A.

1970 ' Towards a Past Pieced Together ', *Bull. Univ. Birmingham Arch. Soc.* 8 (2), 1-2

Saville, J.

1974 *Marxism and History*. Hull

Schaub, E.

1920 ' A Sociological Theory of Knowledge ', *Philosophical Review* 29, 319-339

Schmidt, A.

1971 *The Concept of Nature in Marx*. London

Shennan, S. J.

1978 ' Archaeological Cultures, an Empirical Investigation ', in (Hodder, I. [Ed.] 1978) 113-140

Shinkin, D. B.

1949 ' Recent Trends in Soviet Archaeology ', *American Anthropologist* 51, 621-625

Singer, C. , Holmyard, E. J. and Hall, A. R.

1954 *A History of Technology*. Oxford

Slotkin, J. S.

1952 ' Some Basic Methodological Problems in Prehistory ',

180

Southwestern Journal of Anthropology 8, 442-443

1965 *Readings in Early Anthropology.* New York

Smith, Sir G. E.

1911 *The Ancient Egyptians and Their Influence Upon the Civilization of Europe.* London and New York.

1928 *In the Beginning: the Origin of Civilization.* London

1933 *The Diffusion of Culture.* London

Smith, I. F.

1955 ' Bibliography of the Publications of Professor V. Gordon Childe', *P. P. S.* 21, 295-304

Smith, M. A.

1955 ' The Limitations of Inference in Archaeology', *The Arch. Newsletter* 6 (1), 1-7

Smith, P.

1973 ' Changes in Population Pressure in Archaeological Explanation', *World Archaeology* 4, 5-18

Snyder, L.

1939 *Race, a history of modern ethnic theories.* New York

1962 *The Idea of Racialism.* Princeton

Stalin, J.

1941 *Dialectical and Historical Materialism.* London

Sterud, G.

1973 'A Paradigmatic View of Prehistory', in (Renfrew, C. [Ed.] 1973) 3-18

Tallgreen, A. M.

1937 ' The Method of Prehistoric Archaeology', *Antiquity*

42, 152-161

Tax, S. (Ed.)

1960 *Evolution After Darwin* (3 vols.). Chicago

Theodorson, G. A. and Theodorson, A. G.

1969 *A Modern Dictionary of Sociology*. London

Thompson, M. W.

181   1965 'Marxism and Culture', *Antiquity* 39, 108-113

Thompson, R.

1956 ' The Subjective Element in Archaeological Influence ',
Southwestern Journal of Anthropology 12 (3), 327-332

Thomson, G.

1949 Review of *History* by V. Gordon Childe, *The Modern Quarterly*
N. S. 4, 260-263

Tolstoy, P.

1952 ' Morgan and Soviet Anthropological Thought ', *American
Anthropologist* 54, 8-17

Trigger, B.

1968a ' Major Concepts of Archaeology in Historical Perspective ',
Man 3, 527-541

1968b *Beyond History: The Methods of Prehistory*. New York
and London

1970 ' Aims in Prehistoric Archaeology ', *Antiquity* 44, 26-37

1978 *Time and Traditions*. Edinburgh

Tringham, R.

1971 *Hunters, Fishers and Farmers of Eastern Europe*. London

Tylor, E.

    1871 *Primitive Culture.* London

Ucko, P. and Dimbleby, G. W. (Eds.)

    1969 *The Domestication and Exploitation of Plants and Animals.* London

Ucko, P., Tringham, R. and Dimbleby, G. W. (Eds.)

    1972 *Man, Settlement and Urbanism.* London

Underwood, E. A. (Ed.)

    1953 *Science, Medicine and History. Essays on the Evolution of Scientific Thought and Medical Practice,* written in Honour of Charles Singer

Watson, R.

    1972 'The "New Archaeology" of the 1960s', *Antiquity XLVI*, 210-215

Watson, R. J., Leblanc, S. A. and Redman, C. L.

    1971 *Explanation in Archaeology: An Explicitly Scientific Approach.* New York

Westropp, H. M.

    1872 *Prehistoric Phases; or Introductory Essays on Prehistoric Archaeology.* London

Wheatley, P.

    1972 'The Concept of Urbanism', in (Ucko, Tringham and Dimbleby [Eds.] 1972) 601-637

Wheeler, M.

    1957 'Professor V. Gordon Childe', *The Times*, Oct. 23rd. London

Willey, G. R. and Sabloff, J. A.

　　1974 *A History of American Archaeology*. London

Zohary, D.

　　1969 ' The progenitors of wheat and barley in relation to domestication and agricultural dispersal in the Old World ', in (Ucko and Dimbleby [Eds.] 1969) 47-66

索引

索引页码为原书页码,即本书边码

译后记

　　进入位于伦敦大学考古学研究所五层的图书馆,沿左侧向里走,不多远,便能在密立的书脊尽头,发现一尊小巧的黄铜半身像,座身题铭:戈登·柴尔德。1947 到 1957 年,柴尔德任伦大考古所所长。这尊铜像是在他 1957 年离世后,由学生委托考古模型艺术家所创作,自 1958 年便静静放在这个几乎不起眼的角落,倒也与柴尔德亲切而内向的性格十分契合。于伦大博士修业期间,我曾无数次流连于此,也时常聆听每周一晚例行的"戈登·柴尔德席明纳"(Gordon Childe Seminar),却没想到在毕业之后有机会以译者的身份,进入这位老所长的学术世界。

　　2021 年初,经王铭铭老师推荐,我有幸参与李零老师策划并组织翻译的"解读柴尔德"系列,承担本书的翻译工作。与系列中其他文本相比,麦克奈恩的《柴尔德的方法和理论》或许最不像是一本严格意义上的"学术传记",而更像一篇关于柴氏考古学工作的分析长文。本书并非以柴尔德学术生涯的时间线为脉络,而是围绕一系列关键的方法与理论议题展开,其中包括柴尔德作品中对"文化""历史""进步""变革"等概念的处理,以及他如何吸收并回应进化论、传播论、功能主义,以及马克思主义辩证法和历史唯物主义等思潮与论争。这样的路径,更加全面地展现了柴尔德写作的思想史背景,弥补了传记型专著中理论分析的局限,为更加完整地理解柴尔德的历史观和世界观提供了必要前提。

《柴尔德的方法和理论》的另一大特点是对这些作品中原文的大量摘录,这为方便读者进入柴尔德的文本世界提供了极大的帮助。需要说明的是,目前已经有四部柴尔德作品的中译本由上海三联书店出版:《考古学导论》《人类创造了自身》《欧洲文明的曙光》《历史的重建:考古材料的阐释》。为保证译文的连贯统一,作者摘录的段落已经有中文译本出版的,我都在参考已有译本的基础上,根据英文原文进行了重译。

这是我第一次承担关于考古学著作的翻译工作。首先感谢李零老师的信任与指导,并且在审读初稿之后提出修改意见。也感谢本书的编辑老师的细心校读与指正。特别感谢王正原博士耐心回答我关于考古学概念的疑问,以及潘博博士对文中法语段落翻译的帮助,也十分感激"解读柴尔德"系列的另外三位译者在翻译过程中与我的讨论和交流。然而,即便有诸位师友相助,由于本人学识有限,对书中的些专业领域此前并无涉猎。若译文中有疏漏讹误之处,敬请读者批评指正。

张力生

图书在版编目 (CIP) 数据

柴尔德的方法和理论：史前史的经济、社会和文化
阐释 / (英) 芭芭拉·麦克奈恩著；张力生译.—北京：
商务印书馆，2024
（解读柴尔德）
ISBN 978-7-100-22822-0

Ⅰ.①柴⋯　Ⅱ.①芭⋯②张⋯　Ⅲ.①柴尔德—考
古学—思想评论　Ⅳ.①K85

中国国家版本馆 CIP 数据核字（2023）第 154404 号

解读柴尔德
柴尔德的方法和理论
史前史的经济、社会和文化阐释
〔英〕芭芭拉·麦克奈恩　著
张力生　译

商　务　印　书　馆　出　版
（北京王府井大街 36 号　邮政编码 100710）
商　务　印　书　馆　发　行
北京盛通印刷股份有限公司印刷
ISBN　978-7-100-22822-0

2024 年 3 月第 1 版　　　开本 880×1240　1/32
2024 年 3 月第 1 次印刷　　印张 8½

定价：68.00 元